ÉTONNANTS • CLASSIQUES



# Héros qui comme Ulysse

*Présentation, choix des textes, dossier et cahier photos*
*par* FABIEN CLAVEL et ISABELLE PÉRIER,
*professeurs de lettres*

Flammarion

**Dans la collection « Étonnants Classiques »**

*Aucassin et Nicolette*
CERVANTÈS, *Don Quichotte*
*La Chanson de Roland*
CHRÉTIEN DE TROYES, *Lancelot ou le Chevalier de la charrette*
*Perceval ou le Conte du Graal*
*Yvain ou le Chevalier au lion*
DUMAS, *Robin des bois*
HOMÈRE, *L'Iliade*
*L'Odyssée*
ROBERT DE BORON, *Le Roman de Merlin*
*Tristan et Iseut*

N° d'édition : L.01EHRN000502.A003
Dépôt légal : août 2016

ISBN : 978-2-0813-8514-6
ISSN : 1269-8822
Imprimé à Barcelone par: BLACK PRINT

# SOMMAIRE



# Héros qui comme Ulysse

## I. L'Antiquité et la race des héros

## 2. Le Moyen Âge et l'héroïsme des chevaliers

## 3. L'époque moderne : entre héros et antihéros



## 4. L'Époque contemporaine : le héros réinventé ?

# PRÉSENTATION

Les héros nous entourent et font partie de notre quotidien, qu'ils soient héros de films ou héros de guerre, héros de jeux vidéo ou héros littéraires. Mais derrière cette omniprésence se cachent des héros multiples, façonnés par de nombreuses traditions et une longue histoire littéraire et artistique : toujours reconnaissables, les héros ont pourtant pu changer de visage à travers le temps.

Aussi, en s'intéressant au héros, faut-il d'abord interroger le sens qu'on donne au mot, en lien avec le genre littéraire qui lui a donné corps – l'épopée, un genre qui évoque d'anciens récits souvent écrits dans une langue aujourd'hui peu pratiquée et qui a disparu en tant que tel de la littérature occidentale au cours du XIX$^{e}$ siècle. En quoi ce genre trouve-t-il des échos dans d'autres, cette fois actuels, qui lui empruntent sa tonalité et son registre, et captivent lecteurs et spectateurs ? Qu'on pense notamment à des formes contemporaines telles que la *fantasy* et la science-fiction, portées par des médias très divers : le cinéma, les séries, les jeux vidéo, la bande dessinée...

La profusion de héros contemporains ne doit pas occulter une nouveauté qu'il faut principalement attribuer à la modernité : à côté du héros éternel, mythique et légendaire est né un personnage plus complexe, plus difficile à cerner et plus sombre, l'antihéros qui peuple, lui aussi, nos fictions.

# Qu’est-ce qu’un héros ?

Si l’on consulte le dictionnaire, on trouvera de nombreuses définitions du terme « héros ». On distingue trois sens principaux.

Le mot vient du grec *heroos* et signifie à l’origine « demi-dieu » : en effet, né dans la mythologie grecque, le héros désigne un être fabuleux issu de l’union d’un dieu (ou d’une déesse) et d’une mortelle (ou d’un mortel). De nombreux personnages répondent à cette définition, le plus célèbre d’entre eux étant sans doute Héraclès, enfant de Zeus et d’Alcmène (p. 30). On peut d’emblée remarquer que, autour de ces « héros », tout comme autour des dieux de la mythologie, se construisent des récits, transmis oralement puis par écrit – dans des œuvres épiques, comme celles d’Homère (p. 33 et 39), ou poétiques comme celles d’Hésiode (p. 29). Dès l’Antiquité donc, le héros demi-dieu est un personnage légendaire et littéraire à la fois, autour duquel s’articulent des récits fondateurs qui vont donner naissance à la littérature occidentale. De cette définition découle celle, plus large, de personnage devenu légendaire auquel une tradition attribue des exploits prodigieux. C’est ainsi qu’on pourra considérer David (p. 49) ou Judith (p. 52), personnages de l’Ancien Testament, comme des héros.

Par la suite, le terme « héros » – ou « héroïne » – s’est appliqué métaphoriquement à un homme – ou à une femme – doté(e) d’une force d’âme et d’une élévation morale hors du commun, et démontrant, dans certaines circonstances, des qualités exceptionnelles ; les guerres, les situations extrêmes font ainsi naître des héros, que la littérature s’attache à représenter. C’est le cas du jeune Herbillon, le protagoniste de Kessel

(p. 115), mais aussi de Rodrigue dans *Le Cid* de Corneille, qu'une situation *a priori* sans issue révèle héroïque par son sens du devoir et de l'honneur (p. 93). À la lumière de ce deuxième sens, on comprend en quoi le héros est un **archétype** : bien que façonné par des récits légendaires, il nous permet de penser notre Histoire, d'en faire le récit en identifiant dans le cours des événements les personnages valeureux qui lui ont donné forme.

Le troisième grand sens du mot « héros » est avant tout littéraire. On parle de héros ou d'héroïne pour désigner le personnage principal, masculin ou féminin, d'un récit. « Héros » peut alors avoir le sens affaibli de protagoniste, c'est-à-dire qu'on désigne par là un personnage de premier plan, sans nécessairement que se retrouvent chez lui toutes les qualités de l'héroïsme. On voit apparaître la figure du antihéros, tel Candide, qui permet à Voltaire de se moquer de l'héroïsme guerrier traditionnel (p. 96), ou Meursault, le personnage de Camus, étranger à toute forme d'héroïsme, puisqu'il est spectateur de sa tragique destinée, sans parvenir à l'infléchir (p. 121).

Il arrive souvent qu'un même personnage donne corps à ces trois sens. À cet égard, Jean Valjean, dans les *Misérables* de Victor Hugo (p. 101), est particulièrement intéressant puisqu'il synthétise toutes ces caractéristiques du héros : il est doté d'une force remarquable, à la manière des héros antiques ; il se dévoue pour son prochain, faisant preuve d'une abnégation héroïque ; c'est enfin un des protagonistes du roman des *Misérables*, et une figure exemplaire du héros romantique.

# Héros et épopée

## L'épopée antique et ses influences

Originellement, c'est dans le genre littéraire de l'épopée que se trouvent narrés les hauts faits des héros. Ce genre a été défini par le Grec Aristote au IVe siècle av. J.-C. comme un long poème – en vers – racontant, dans un style noble, les exploits extraordinaires accomplis par un ou plusieurs êtres disposant de qualités physiques et morales supérieures à celles de l'humanité moyenne. Dans l'épopée, le héros est confronté à des obstacles difficilement surmontables, au sein d'un univers où s'exercent des forces surnaturelles. Ainsi, il suscite chez le lecteur un sentiment d'admiration et incarne pour lui une sorte d'idéal : il est une figure de l'homme accompli.

Si l'épopée est un genre très ancien et très codifié, nombreux sont les auteurs qui, après les poètes antiques Homère et Virgile, s'y sont essayés. Le genre perdure pendant le Moyen Âge en se modifiant : la forme épique devient chanson de geste, c'est-à-dire poème racontant les exploits d'un héros, sa « geste » (du latin *res gestæ*, les « choses accomplies »). Ces œuvres sont transmises par oral, chantées par des poètes itinérants, les jongleurs, puis sont fixées par écrit. Les chansons de geste portent sur les événements historiques et légendaires de l'histoire de France, et mettent en scène des personnages tels Roland et Charlemagne (p. 87). Toutefois, la naissance du roman, c'est-à-dire d'une littérature en langue « romane » (sorte de latin vulgaire, employé dans la communication de tous les jours), par opposition au latin qu'utilisent les clercs (les hommes d'Église qui le maîtrisent et copient les manuscrits), tend à privilégier la forme romanesque aux dépens de l'épopée. À cela participe aussi la modification progressive des goûts du public, friand d'histoires d'amour courtois (celui qui se noue entre un chevalier et sa dame, à laquelle il est soumis et voue un respect absolu ; voir ci-après) autant que de combats.

En tant que telle, l'épopée disparaît peu à peu, même si l'on en trouve de nombreuses traces dans l'histoire : la forme épique ressurgit au XIXe siècle, par exemple avec l'ample recueil poétique de Victor Hugo intitulé *La Légende des siècles* (voir Dossier, p. 137), et son esprit et sa tonalité survivent aujourd'hui encore dans notre culture contemporaine, dans des productions artistiques aussi diverses que romans, films, bandes dessinées, *comics*, mangas, séries, etc.

De sorte que l'épopée ne se définit pas seulement par sa forme et son rapport aux héros et aux combats qui les révèlent : on reconnaît aussi ce genre à un certain nombre de caractéristiques et de procédés littéraires récurrents.

## Caractéristiques de l'épopée

L'épopée prend souvent la forme d'un **cycle**, c'est-à-dire d'un ensemble d'œuvres ou de récits fondés sur une même trame, un même thème, un même contexte, un même événement, un même personnage ou une même famille. On peut parler du cycle homérique, qui raconte l'histoire étendue de la guerre de Troie (p. 34), ou du cycle arthurien (p. 65), qui raconte l'histoire du roi Arthur et de ses chevaliers. Cette narration est assumée par un narrateur « externe » (il ne participe pas à l'histoire) mais omniscient (il en connaît tous les détails, le contexte et les personnages).

L'épopée concerne, en outre, l'ensemble d'une **communauté** : elle est donc souvent dotée d'enjeux politiques. Par exemple, les œuvres d'Homère impliquent l'ensemble des Grecs (et dans une certaine mesure les Troyens), et la matière de Bretagne, comme son nom l'indique, la Bretagne[1] tout entière à travers les différents peuples et souverains qui s'y affrontent. Ces récits assument une fonction de légitimation des origines d'une communauté ou d'une dynastie, ce qui explique que leurs histoires se déroulent sur une longue durée, dans un espace étendu. Pour toutes ces raisons, elles se différencient du conte, qui, s'il recourt lui aussi au merveilleux, est doté d'une intrigue plus resserrée, et construit autour d'un nombre restreint de personnages, ainsi que du roman, qui s'attache au parcours d'un individu indépendamment du groupe dont il est issu. L'épopée, elle, fourmille de personnages : on le constate à travers tous les moments mettant en scène des assemblées, comme dans l'épisode de l'*Iliade* où le malheureux Thersite prend la parole face à l'ensemble des guerriers grecs (p. 37). Ces personnages sont organisés par un système d'oppositions : ils incarnent le conflit entre le Bien et le Mal, les Ténèbres et la Lumière, le Familier et l'Étranger. Par exemple, dans l'épisode épique du combat de David et Goliath, le jeune berger est du côté de Dieu, et il affronte le géant, qui fait partie des impies (p. 49).

Par ailleurs, l'épopée se construit autour de moments ou de **scènes clés**, récurrentes d'un texte à l'autre. Y figure généralement, par exemple, le passage du **catalogue – ou liste épique** – qui vise à présenter la multitude de personnages de l'épopée : le narrateur les énumère, décline leur identité, leur ascendance, leur lieu d'appartenance, leurs hauts faits ; l'épopée peut ainsi se comprendre comme une manière de conserver la mémoire

1. La Bretagne est composée de l'Armorique, ou Petite Bretagne, et de la Grande Bretagne.

des hommes. On y trouve aussi la scène de **remise des armes**, à l'occasion de laquelle le héros se voit donner par les dieux ou par les hommes les armes ou les objets qui vont lui permettre d'accomplir ses hauts faits. Certains **lieux spécifiques et reconnaissables** ponctuent encore l'itinéraire du héros. Ainsi, il séjourne souvent dans un lieu enchanteur qui lui permettra de prendre du repos, de panser ses blessures et de profiter de la douceur de la vie : on nomme ce lieu le *locus amœnus* (« le lieu agréable »). Mais, il est aussi fréquent qu'il ait à affronter l'épreuve par excellence que constitue la descente aux Enfers : le héros doit y rencontrer les disparus et acquérir grâce à eux de nouvelles connaissances sur le monde. Ce type de scène se nomme « catabase » : un des modèles du genre est la descente aux Enfers d'Orphée (p. 58). Enfin, de manière évidente, l'épopée est rythmée par un certain nombre de **scènes de combat héroïque** – qui ponctuent aussi aujourd'hui nos films d'action. Lorsqu'ils revêtent une importance particulière dans la geste du héros, ces combats sont nommés *aristeia* (« aristie »). Ils représentent le moment où le héros révèle sa valeur surhumaine et triomphe de ses adversaires. L'aristie de Diomède, dans l'*Iliade* d'Homère (p. 34), est l'une des plus fameuses scènes de ce type, mais on trouve un épisode comparable sous la plume du romancier contemporain Pierre Bordage (p. 123).

## Le registre épique

Qu'il s'agisse d'épopées, de romans, de films ou d'autres formes, les œuvres construites autour de figures héroïques font naître le même type de sentiments – admiration et étonnement – grâce à des procédés reconnaissables. Quels sont-ils ? Comme on l'a vu, le sentiment épique s'attache d'abord à certains types de sujets : il naît de l'évocation de hauts faits guerriers, de la violence du combat et de la présence du surnaturel. Ainsi, le caractère épique d'une œuvre est souvent lié à la présence d'un champ lexical du combat, de la guerre et de la violence et/ou de celui du merveilleux. De plus, le sentiment épique repose sur la noblesse et la grandeur du héros et de ses exploits : ceux-ci sont donc décrits dans une langue soutenue et noble, agrémentée des procédés propres de l'éloge (c'est-à-dire du discours visant à louer), comme l'hyperbole, procédé d'amplification, d'exagération, qui souligne le caractère héroïque du personnage que l'on décrit. Enfin, l'admiration naît de la reconnaissance des qualités positives du héros et de son opposition à des forces négatives. Pour que le héros soit héroïque, il doit représenter le Bien ou la Lumière et se battre contre des ennemis ou des monstres figurant le Mal ou les Ténèbres. C'est ainsi que le texte invite le lecteur à voir dans le héros un exemple, un modèle.

## Le voyage du héros

Que ce soit dans l'épopée antique ou dans l'aventure médiévale ou moderne, le héros (ou l'héroïne) entreprend souvent une quête qui suit un schéma récurrent – il peut toutefois connaître des variations à travers les époques et les cultures.

Le voyage du héros peut se résumer ainsi : « Un héros s'aventure hors du monde de la vie habituelle et pénètre dans un lieu de merveilles surnaturelles ; il y affronte des forces fabuleuses et remporte une victoire décisive ; le héros revient de cette aventure mystérieuse doté du pouvoir de dispenser des bienfaits à l'homme, à son prochain[1]. »

## Naissance et enfance du héros

Le héros naît souvent de parents illustres : son père (ou sa mère) est un dieu (ou une déesse) ou un personnage important proche des dieux, un roi (ou une reine). Fréquemment, sa naissance s'inscrit dans un cadre complexe, que sa mère ait connu une longue période de stérilité, qu'il naisse pendant un conflit politique important ou provienne d'une famille elle-même en conflit. Cette naissance est parfois précédée de présages funestes. Ainsi, à cause de ces difficultés ou de ces présages, le nouveau-né est rejeté par sa famille ou abandonné. C'est le cas de Cyrus, le roi de Perse évoqué par Hérodote, qui, à la suite d'un rêve prémonitoire, est envoyé à la mort et sauvé par Mitradates, un paysan, dont il va remplacer le fils mort-né (p. 43). L'enfance du héros se déroule alors chez des gens modestes : ils l'ont recueilli et le dissimulent afin qu'il échappe à ceux qui lui veulent du mal. Cette vie obscure et cachée explique que, régulièrement, on le croie mort. Pendant cette période, la communauté à laquelle il n'appartient pas encore souffre d'une situation difficile qui demanderait l'intervention d'un personnage providentiel : le peuple est oppressé par un tyran ou une créature monstrueuse comme le terrible Morholt (p. 83), une maladie sévit, des catastrophes naturelles ravagent la région. L'enfance du héros se termine par la reconnaissance de sa véritable identité : il peut être reconnu par des proches ou par sa famille, exhiber un signe de son origine, rencontrer ses vrais parents ou se rendre célèbre par des exploits éclatants. C'est

1. Joseph Campbell, *Les héros sont éternels*, trad. H. Crès, Seghers, 1987.

ce que l'on nomme « **l'épiphanie** » **héroïque**, selon le mot grec *epiphaneia*, qui signifie « manifestation, apparition » : le héros devient visible et il est reconnu par la communauté des hommes. Par exemple, quand les autres enfants le font roi, Cyrus est reconnu par Astyages, qui avait pourtant ordonné de le faire disparaître (p. 43). Ou encore, on voit dans le jeune Arthur le futur roi d'Angleterre quand il accomplit l'exploit de tirer l'épée Excalibur de l'enclume dans laquelle elle était fichée (p. 65).

## Le voyage initiatique du héros

Une fois révélé aux hommes, le héros commence son voyage, sa quête. Ce départ peut découler d'un simple désir, mais, bien souvent, c'est un événement qui le provoque : quelque chose l'appelle à partir à l'aventure. Étymologiquement, « aventure » signifie d'ailleurs « ce qui doit arriver » ; elle est ce qui s'impose au héros, son destin. Hésitations, craintes peuvent le retarder : parfois, ce sont les proches du héros qui refusent de le laisser partir, comme Arthur tentant de dissuader Keu de quitter la cour (p. 78). Avant de s'en aller, le héros reçoit une aide, souvent surnaturelle, laquelle peut s'incarner dans un objet ou dans une figure protectrice qui lui prodigue de précieux conseils.

Une fois parti, le héros parvient au **premier seuil** : il entre dans une région inconnue, la plupart du temps hostile et parfois protégée par un gardien qu'il devra affronter. Ce premier seuil franchi, le héros se trouve sur le chemin des épreuves de son initiation. Celle-ci se décompose en trois phases : la **préparation**, **l'épreuve finale**, la **nouvelle vie**.

Le héros doit d'abord se préparer à affronter l'épreuve finale de sa quête : un voyage périlleux, un monstre, un ennemi... Il s'entraîne, gagne en savoir et en puissance, rencontre des alliés, apprend des secrets et découvre des objets qui vont l'aider à accomplir sa quête. Ainsi, c'est Gornemant de Gort, un vieux chevalier, qui éduque et prépare Perceval afin qu'il devienne un bon guerrier et un preux chevalier (p. 70).

Après la préparation, l'épreuve finale prend la forme d'un conflit : il s'agit souvent d'un combat contre un monstre ou contre un ennemi puissant. Ainsi, Héraclès combat l'hydre de Lerne (p. 31) ou Cerbère, le monstre aux trois têtes de chien (p. 32). David, quant à lui, affronte le géant Goliath (p. 49). Dans ce combat, le héros lutte contre la mort : parfois, il est grièvement blessé, comme Tristan revenant de son combat contre le Morholt (p. 83), et connaît une fin tragique, à moins que l'épreuve ne se termine par une mort seulement symbolique. Celle-ci peut prendre la forme de l'enfermement dans un lieu souterrain ou sombre qui représente une descente aux Enfers : c'est métaphoriquement de cela dont il est question quand la baleine avale les matelots dans les *Aventures du baron de Münchhausen* (p. 98).

Pourtant, le héros renaît toujours : il est sauvé, soigné, ou bien il ressuscite, même symboliquement. Dans les récits les plus pessimistes en effet, il renaît dans la mémoire de son peuple grâce à ses alliés. Cette renaissance est importante : elle lui confère une nouvelle puissance. Cette métamorphose peut être signalée par un changement de nom, de statut ou même une transformation physique. Au terme de son aventure, le héros est métamorphosé et il possède une nouvelle connaissance sur le monde.

## Le retour

Une fois l'épreuve réussie, le héros revient parmi les siens. Ce retour peut recouvrir plusieurs formes. Il peut être triomphal :

le héros reprend sa place et vient régner sur le monde, instaurant un nouvel âge d'or, comme le roi Aragorn dans *Le Seigneur des anneaux* de Tolkien. Il peut également se contenter de partager sa nouvelle sagesse avec les siens. Il arrive toutefois que son retour soit douloureux et décevant : après avoir découvert le monde, accompli de grands exploits et sauvé son peuple, il ne parvient pas à renouer avec son ancienne vie. Parfois, il repart à l'aventure pour vaincre cette mélancolie, ou décide de vivre seul, loin de tout.

# Les caractéristiques du héros

Le héros ne se caractérise pas seulement par son histoire : il possède des traits qui le rendent reconnaissable.

Ainsi est-il traditionnellement associé au soleil et à la lumière, symboles de sa lutte pour le bien et de sa force. Ces motifs ponctuent le portrait physique du héros que les textes nous présentent : sa chevelure est souvent blonde, longue, rayonnante. Son regard est brillant, voire enflammé. On peut citer les exemples du chevalier Gauvain (p. 77) et celui, plus contemporain, de Katniss Everdeen, « la fille de feu » de *Hunger Games* (voir Cahier photos). De plus, il est associé à des figures animales tels l'aigle, le phénix ou le lion qui signalent sa majesté, son immortalité ou sa force : c'est le cas pour Yvain, le chevalier au lion (p. 75).

Le héros possède aussi le prestige et le pouvoir. Ce dernier peut être politique – le héros est roi ou prince, comme Arthur (p. 65) et Ulysse (p. 39) – ou militaire : il prend les traits du guerrier, du conquérant, comme Alexandre. Il peut également posséder un pouvoir religieux, magique ou spirituel, comme Orphée (p. 58).

Le héros est accompagné d'amis ou d'êtres qui viennent le compléter, démultiplier sa bravoure, refléter ses qualités. Il possède des alliés, dotés de connaissances ou de pouvoirs dont il ne dispose pas et qui l'appuient dans sa quête : ces compagnons peuvent être nombreux mais, le plus souvent, le héros a un ami proche, un compagnon fidèle, comme Olivier pour Roland (p. 87) et le lion pour Yvain (p. 75).

Le héros possède des objets qui lui sont caractéristiques : qu'ils proviennent de son héritage, qu'ils lui aient été donnés par un allié ou qu'ils aient été conquis de haute lutte, ils lui sont indispensables pour accomplir ses exploits. Parmi ces objets on trouve évidemment les armes, en particulier l'épée : celle-ci porte régulièrement un nom – Excalibur pour le roi Arthur (p. 65), Durandal pour Roland (p. 87) et Hauteclaire pour son compagnon Olivier (p. 88). Héraclès est reconnaissable à sa massue et à la peau du lion de Némée dont il se vêt, et Katniss Everdeen à son arc (voir Cahier photos).

Enfin, le héros vit dans un monde merveilleux, c'est-à-dire étonnant et admirable. Ce merveilleux prend la forme de la magie ou du surnaturel. Ainsi, le héros rencontre souvent des êtres divins ou féeriques – Diomède, aidé par Athéna, se montre valeureux (p. 34) ; Arthur découvre l'épée Excalibur (p. 65) puis trouve des objets magiques ; Héraclès combat des monstres (p. 30) ; Orphée descend aux Enfers (p. 58) et y explore des lieux enchantés.

Le héros se révèle donc au fil de l'aventure être un personnage extraordinaire, au sens propre du terme, c'est-à-dire doté de qualités hors du commun. C'est un être hyperbolique, pourvu d'une intelligence et d'un courage sans faille... Toutefois, ces qualités ne sauraient être excessives ; le héros doit rester humain, pour ne pas risquer de devenir monstrueux : le monstre peut en effet se définir comme une créature surhumaine qui, par sa force, sa taille et sa violence démesurées, devient effrayante et terrible. Le héros doit être capable de devenir un modèle pour sa communauté – et pour le lecteur : Diomède est ainsi un exemple de force guerrière (p. 34), Ulysse un exemple de ruse (p. 39) – c'est bien pour cette raison qu'il est le favori d'Athéna, déesse de la sagesse et de la stratégie militaire. Quant à Mucius Scævola et Clélie, sous la plume de Tite-Live (p. 54 et p. 56), ils sont de flamboyantes incarnations de la *virtus* (du « courage ») pour le peuple romain.

## Des héroïnes ?

À première vue, il semble que les héroïnes soient moins nombreuses que les héros dans l'histoire de la littérature : certes, la femme joue un rôle important dans le voyage du héros, mais, la plupart du temps, elle n'en est pas le personnage principal. Dans beaucoup de récits, notamment dans l'Antiquité, les personnages féminins sont même représentés comme des dangers pour la quête héroïque : belle comme Didon[1], retenant

1. *Didon* : reine de Carthage qui recueille Énée, héros troyen, alors qu'il fuit sa cité de Troie prise par les Grecs. Didon se prend de passion pour le héros qui lui conte ses exploits et elle tente de le retenir auprès d'elle, l'empêchant temporairement d'accomplir sa mission : aller fonder la ville de Rome dans le Latium.

Énée à Carthage dans l'*Énéide* de Virgile, parfois magicienne comme Circé [1] dans l'*Odyssée*, la femme ensorcelle le héros et le détourne de sa quête, comme Guenièvre détourne Lancelot de son devoir de chevalier (p. 80).

La littérature médiévale lui a parfois donné une place plus valorisante : dans le cadre de l'amour courtois – idéal de relation amoureuse que développe la culture de cour au Moyen Âge –, la femme devient la Dame, au service de laquelle le chevalier combat, et dont il accomplit les désirs. La Dame le domine (les deux mots ont d'ailleurs la même origine) et c'est elle qui l'envoie sur le chemin de la quête et lui demande ainsi de se dépasser, d'endurer les épreuves pour gagner son amour. Elle est même parfois la figure protectrice qui aide le héros dans son voyage ; elle s'apparente alors à une figure de sagesse, comme Viviane, la Dame du Lac qui éduque Lancelot dans les romans de la matière de Bretagne.

Selon des modalités différentes de l'héroïsme masculin (lequel est initialement uniquement lié au registre épique et au combat), l'héroïsme féminin est bel et bien présent dans la littérature. Il se manifeste par la fidélité à la nation, comme en témoigne la figure biblique de Judith (p. 52), par le courage civique, à l'image de celui dont fait preuve Clélie, héroïne de la République romaine (p. 56), ou par le courage guerrier. Des caractéristiques particulières sont attachées à la femme héroïque : elle prend souvent les traits d'une vierge, qui peut être guerrière comme Jeanne d'Arc, « la pucelle d'Orléans » (voir Cahier photos). Elle peut se battre à l'épée ou à l'arc, porter une

1. *Circé* : magicienne ou sorcière de la mythologie grecque apparaissant au chant X de l'*Odyssée* d'Homère. Circé attire par son chant Ulysse et ses compagnons sur son île, et transforme ces derniers en porcs. Le héros parviendra à les délivrer après avoir reçu les conseils d'Hermès.

armure et chevaucher. Le prototype de cette guerrière féminine, l'*egregia bellatrix* (la « remarquable guerrière »), est le personnage mythologique de l'Amazone Penthésilée (p. 46), abondamment repris, notamment au Moyen Âge (p. 62). Aujourd'hui aussi on voit réapparaître cette figure : dans *Hunger Games* par exemple, à travers le personnage de Katniss Everdeen, la « fille de feu », une archère remarquable, et dans le septième épisode de *Star Wars, Le Réveil de la force*, avec le personnage de Rey qui manie le sabre laser avec une très grande dextérité (voir p. 130). Parfois, cette guerrière se travestit en homme, comme Jeanne d'Arc face aux Anglais (voir Cahier photos) et Eowyn dans *Le Seigneur des anneaux* de Tolkien (p. 125), afin d'accomplir des prouesses martiales dignes des plus grands héros.

L'héroïne a aussi les traits d'une amante ou d'une mère. Pensons aux personnages féminins de la guerre de Troie, comme Andromaque [1], figure de la résistance troyenne dont Racine s'emparera à l'âge classique pour en faire une héroïne tragique admirable.

À mesure que l'héroïsme s'est dissocié du seul genre littéraire qui l'avait vu naître, celui de l'épopée, l'héroïsme féminin a pu déployer toutes ses spécificités.

---

1. *Andromaque* : épouse d'Hector, prince troyen. Après la mort de ce dernier, elle sera soumise aux pressions de Néoptolème (Pyrrhus chez Racine), guerrier grec qui souhaite l'épouser.

# Le héros ou les héros ?

Si les héros viennent tous du modèle premier du héros épique qu'a dessiné le genre de l'épopée, on observe au fil de l'histoire littéraire une multiplication des personnages de héros dont certains sont intentionnellement situés aux antipodes des valeurs associées à l'héroïsme. Comment cette évolution s'est-elle produite ?

Comme on l'a vu, à l'origine, le héros est à la fois le personnage principal d'une œuvre et celui qui promeut et défend les valeurs de sa communauté ou de son pays. Ainsi, le récit épique se construit à partir des faits d'armes que le héros accomplit pour le salut ou la gloire de son peuple. Ce modèle, qui naît pendant l'Antiquité, se transmet de siècle en siècle jusqu'à la fin du Moyen Âge.

Toutefois, le héros épique est concurrencé, dès l'Antiquité, par une variante tragique que le théâtre se plaît à mettre en scène. Celle-ci naît dans la tragédie, grecque puis latine, et perdure à travers le temps jusqu'au XVII^e siècle, où elle connaît son apogée dans les pièces de Corneille et, plus encore, dans celles de Racine. Contrairement au héros épique, le héros tragique est soumis à la fatalité. Son destin est malheureux : malgré ses immenses qualités, il ne parvient pas à triompher et meurt, brisé dans son élan par la volonté des dieux. Il incarne une vision du monde fondamentalement pessimiste.

Plus tard, au début du XIX^e siècle, les auteurs romantiques façonnent un nouveau type de héros. Le héros romantique poursuit cette histoire sombre de l'héroïsme malheureux : il possède lui aussi de très grandes qualités mais est incapable d'aller au bout de sa quête ; ses idéaux apparaissent inconciliables avec une réalité toujours décevante. Le héros romantique doit faire face à l'échec pour avoir voulu accomplir seul un exploit qui le dépasse. Il n'est donc plus question, dans cette littérature, de fatalité ou de dieux : c'est la société qui se révèle plus forte que le héros. Il comprend, souvent trop tard, qu'il est incapable de la transformer et périt dans sa tentative, tel Lorenzaccio, héros qui donne son nom à la pièce de Musset : après avoir tué son cousin Alexandre régnant en tyran sur Florence, il est misérablement assassiné, laissant la place à un nouveau tyran.

Mais c'est surtout le roman qui va modifier la définition du héros en le faisant passer de personnage exemplaire à simple protagoniste. Le premier héros de roman moderne est le personnage éponyme du *Don Quichotte* de Cervantès (1605). Don Quichotte se prend pour un héros au sens noble du terme, puisqu'il croit être un preux chevalier, mais il n'est qu'un fou, pétri d'illusions sur les ennemis qu'il rencontre et refusant de voir la réalité telle qu'elle est (p. 90). Avec don Quichotte, le héros devient un personnage dont on peut rire : l'auteur nous invite à déceler ses ridicules. L'adhésion du lecteur à l'héroïsme est remplacée par l'ironie et le héros se transforme en antihéros.

L'antihéros est ainsi un héros problématique qui n'endosse plus les valeurs de la société, les abandonne ou les conteste. Bien sûr certaines épopées mettaient en scène de tels antihéros, mais elles ne faisaient jamais d'eux des personnages importants : ils n'intervenaient que pour souligner, par contraste, la bravoure d'autres personnages. C'est le cas de Thersite dans l'*Iliade* d'Homère, doté de tous les défauts (p. 37). De même, le roman de chevalerie, dont les personnages sont très proches de ceux du modèle épique, met parfois en scène un mauvais chevalier : Keu, le sénéchal d'Arthur, en est un exemple dans *Yvain ou le Chevalier au lion* de Chrétien de Troyes (p. 73). Si l'épopée représentait des valeurs simples et le combat du héros vertueux contre un adversaire déloyal, le roman brouille les lignes, en estompant la frontière du bien et du mal. Dans l'univers romanesque, on ne sait plus qui est bon, qui est mauvais ni qui doit triompher.

À ce titre, l'antihéros est double. Il peut abandonner ou refuser les valeurs de la société, par lâcheté ou par dégoût. Médiocre, il met en valeur la noirceur du monde et des hommes : par l'intermédiaire de Candide, dans le conte philosophique de Voltaire, les valeurs prétendument héroïques apparaissent comme un mensonge destiné à dissimuler les horreurs de la guerre (p. 96). Deux siècles plus tard, Bardamu, dans *Voyage au bout de la nuit* de Céline, dénonce de manière tout aussi polémique et atroce l'absurdité de la guerre (p. 119). L'antihéros peut cependant rester grand en contestant les valeurs de la société. De héros positif, il devient héros négatif : il demeure un personnage hors du commun, mais sert, parfois malgré lui, le mal qu'il fait triompher.

Toutefois, il ne faut pas en conclure que le personnage de roman n'est jamais un héros, au sens noble du terme : beaucoup de romans réinvestissent la figure du héros fort et courageux et mettent en scène ses prouesses – les œuvres de Laurent Gaudé, telles *La Mort du roi Tsongor* (2002) et *Pour seul cortège* (2012) en témoignent. On en trouve aussi des illustrations dans la *fantasy*, notamment avec *Le Seigneur des anneaux* de Tolkien, ou encore dans la science-fiction chez des auteurs comme Pierre Bordage (p. 123).

Avec ses multiples visages, le héros incarne donc de manière privilégiée la façon dont l'art a pu aider les hommes à penser la difficulté mais aussi la fécondité de leur action dans le monde : légendaire ou inspiré de personnages historiques, individu exceptionnel mais porteur de valeurs collectives, provoquant l'admiration et l'adhésion, le héros a évolué au fil de l'histoire. Façonné par différents genres et traditions, il suscite pourtant toujours le même désir chez le lecteur, celui de partager ses aventures...

# Héros qui comme Ulysse

■ Réalisé entre 1430 et 1432, le *David* du sculpteur florentin Donatello (v. 1386-v. 1466) présente le héros vainqueur de Goliath (p. 49) comme un être à la beauté androgyne : il ne porte presque aucun signe de virilité. Voir Dossier, p. 154.

# I. L'Antiquité et la race des héros

Pour les Grecs, les héros forment une « race » à part. Ainsi, dans *Les Travaux et les Jours*, Hésiode[1] décrit cinq « races » d'êtres humains, engendrées successivement par les dieux. En premier est créée la race d'or ; les hommes qui la composent mènent une vie idéale et paisible, en harmonie avec le cosmos : la terre produit des fruits sans qu'il leur soit nécessaire de la travailler. Quand ils meurent, Zeus, le maître de l'Olympe, fait d'eux des dieux mineurs. Après la race d'or vient la race d'argent. Mais les hommes qui la constituent refusent d'honorer les dieux et Zeus les foudroie. La troisième race, la race de bronze, se caractérise par sa violence : les hommes ne s'adonnent qu'aux activités de la guerre et finissent par s'entretuer. C'est alors qu'advient la race des héros, celle des demi-dieux nés de la rencontre entre des mortels et des immortels : parmi eux, on trouve Héraclès (Hercule dans la mythologie romaine), le héros des douze travaux, ou encore Diomède et Ulysse, deux héros grecs de la guerre de Troie[2]... Cette guerre, précisément, amène la disparition de la plupart d'entre eux. Les hommes qui leur succèdent

1. ***Hésiode*** : poète grec du VIII^e^ siècle av. J.-C. Il est l'auteur de la *Théogonie*, ouvrage qui relate la généalogie des dieux, ainsi que des *Travaux et les Jours*.
2. ***La guerre de Troie*** : conflit légendaire qui opposa les Grecs aux Troyens. L'élément déclencheur en est l'enlèvement d'Hélène, femme du roi grec Ménélas, par le Troyen Pâris. Troie sera détruite au terme d'une guerre et d'un siège de dix ans. Cette guerre fera l'objet de nombreux récits fabuleux, en particulier épiques, comme l'*Iliade* (p. 33) et l'*Odyssée* (p. 39) d'Homère.

appartiennent à la race de fer, la nôtre, qui bafoue justice et vertu et se trouve accablée de malheurs.
Selon les Anciens, l'âge héroïque est bref – pas plus de trois générations. Toutefois, les êtres qui lui sont associés, grâce aux mythes et légendes qui rapportent leurs exploits, ont laissé une empreinte durable dans la pensée occidentale, dessinant un archétype, une figure qu'on retrouve dans l'ensemble des textes fondateurs de notre civilisation, celle d'un être – demi-dieu ou simple citoyen – doté d'une qualité exceptionnelle : la force extraordinaire pour Héraclès (p. 31), la ruse pour Ulysse (p. 39), l'audace pour David combattant Goliath (p. 49), la séduction pour Judith tuant Holopherne (p. 52), le courage pour Mucius Scævola et Clélie défendant Rome contre les Étrusques (p. 54 et 56), les charmes de la poésie pour Orphée (p. 58).

## Apollodore, *La Bibliothèque* (Iᵉʳ ou IIᵉ siècle apr. J.-C.)

Au Iᵉʳ ou IIᵉ siècle de notre ère, un auteur nommé Apollodore écrit une sorte de gigantesque résumé de la mythologie grecque, intitulé *La Bibliothèque* par la tradition qui l'a abondamment commenté. On y trouve notamment le récit des douze travaux d'Héraclès, fils de Zeus et d'Alcmène, une mortelle. Héraclès est poursuivi toute sa vie par Héra, l'épouse de Zeus, qui veut se venger des infidélités de son mari. Elle tourmente tant le héros qu'il devient fou et tue ses propres enfants. Pour expier son crime, il doit servir son cousin Eurysthée pendant plus de dix ans et accomplir pour lui des travaux (d'abord au nombre de dix, ils sont ensuite complétés de deux autres), qui sont autant d'épreuves à l'issue desquelles le demi-dieu devient immortel. En premier lieu, Eurysthée ordonne à Héraclès de lui rapporter la peau du lion de Némée, animal invulnérable que le héros parvient par ruse et par force à étrangler ; puis il lui demande de tuer l'hydre[1] de Lerne.

## Les douze travaux d'Héraclès

### 1. L'hydre de Lerne

Comme second travail, Eurysthée ordonna à Héraclès de tuer l'hydre de Lerne. Cette hydre, nourrie dans le marais de Lerne, sortait dans la plaine pour ravager les troupeaux et le pays. Elle avait un corps gigantesque et neuf têtes, dont huit étaient mortelles et la dernière, celle du milieu, immortelle. Héraclès monta donc sur un char, avec Iolaos[2] pour cocher[3], et se rendit à Lerne. Il fit arrêter les chevaux, trouva l'hydre sur une sorte de colline, près des sources d'Amymonè, où elle avait son repaire. En lui lançant des traits[4] enflammés, il l'obligea à sortir et, quand elle fut dehors, il la saisit et la tint solidement. Mais elle enlaça l'une de ses jambes et s'attacha à lui. Il avait beau abattre ses têtes à coups de massue, il n'arrivait à rien, car, pour chaque tête abattue, il en repoussait deux. Un crabe géant vint au secours de l'hydre et lui mordit le pied. Aussi, après avoir tué le crabe, à son tour appela-t-il au secours Iolaos, qui mit le feu à une partie de la forêt voisine et, avec des brandons[5], brûla les têtes à la racine pour les empêcher de repousser. Quand de cette façon il fut venu à bout des têtes toujours renaissantes, il trancha la tête immortelle, l'enfouit sous terre et plaça par-dessus un lourd rocher, en bordure de la route qui va de Lerne à Éléonte. Quant au corps de l'hydre, il le fendit pour tremper ses flèches dans son

---

1. ***Hydre*** : animal fabuleux, tenant du serpent et du dragon, et muni de plusieurs têtes qui repoussent en double aussitôt qu'on les coupe.

2. ***Iolaos*** : neveu d'Héraclès, un de ses plus fidèles compagnons, qui conduit généralement son char.

3. ***Cocher*** : conducteur de char.

4. ***Traits*** : flèches.

5. ***Brandons*** : morceaux de bois enflammés.

venin. Mais Eurysthée déclara qu'on ne devait pas compter cette épreuve au nombre des dix travaux, parce que Héraclès n'était pas venu à bout de l'hydre tout seul, mais avec l'aide de Iolaos.

[Héraclès doit ensuite capturer le sanglier d'Érymanthe, une bête monstrueuse, puis la biche de Cérynie, aux cornes d'or, d'une rapidité exceptionnelle et dont le héros s'empare après un an de poursuite dans les bois. Comme cinquième travail, Héraclès doit nettoyer en un jour les écuries d'Augias : il y parvient en détournant un fleuve. Puis il doit chasser les oiseaux du lac Stymphale ; capturer le taureau de Crète et ensuite les juments de Diomède, qui se nourrissent de chair humaine. Il doit encore aller chercher la ceinture de la reine des Amazones, une peuplade de femmes guerrières. Enfin, en guise de dixième travail, le héros se rend sur l'île d'Érythie pour capturer les troupeaux de bœufs de Géryon. Les dix travaux sont accomplis, mais Eurysthée estime que tous ne comptent pas : l'hydre de Lerne a été tuée avec l'aide de Iolaos et les écuries d'Augias ont été vidées en échange d'un salaire. Héraclès doit donc accomplir deux travaux supplémentaires, redoutables : il doit voler les pommes d'or des Hespérides, cadeau que la Terre avait offert à Zeus à l'occasion de son mariage avec Héra. Enfin, il lui faut capturer Cerbère, le gardien des Enfers.]

## 2. La capture de Cerbère

Comme douzième travail, Héraclès reçut l'ordre de ramener Cerbère de l'Hadès [1]. Cerbère avait trois têtes de chien, la queue en forme de serpent et, sur le dos, toutes sortes de têtes de serpents.

Il se rendit au Ténare, en Laconie, où se trouve la bouche qui permet de descendre dans l'Hadès, et il y pénétra. En le voyant,

1. ***L'Hadès*** : les Enfers.

les âmes s'enfuirent, sauf celles de Méléagre [1] et de la Gorgone Méduse [2]. Il tire son épée contre la Gorgone, comme si elle était vivante, et apprend d'Hermès [3] qu'elle n'est qu'un vain fantôme.

Quand Héraclès réclama Cerbère à Pluton [4], Pluton le mit en demeure [5] de le maîtriser et de l'emmener sans l'aide des armes qu'il portait. Il trouva l'animal aux portes de l'Achéron [6] : tout couvert de sa cuirasse [7] et enveloppé de sa peau de lion, il saisit la tête du monstre entre ses bras et ne relâcha pas sa prise ni sa pression avant de l'avoir maté, malgré les morsures du serpent qui lui servait de queue. Il l'emmena donc et, pour revenir, il fit la remontée par Trézène. Et Héraclès, après avoir montré Cerbère à Eurysthée, le ramena dans l'Hadès.

Apollodore, *La Bibliothèque*, livre II, éd./ trad. Jean-Claude Carrière, Bertrand Massonie, © Presses universitaires de Franche-Comté, coll. « Alub », 1991, chap. 71-93 et 119-125.

## Homère, *Iliade* (VIIIe siècle av. J.-C.)

Le long poème épique d'Homère, l'*Iliade*, écrit au VIIIe siècle av. J.-C., raconte la guerre de Troie. Les Grecs, appelés aussi Argiens, Danaens ou Achéens, débarquent sur les rivages de Troie pour reprendre

---

1. ***Méléagre*** : héros également connu pour avoir tué un monstre, le sanglier de Calydon.
2. Les Gorgones sont trois sœurs (Sthéno, Euryale et Méduse) vivant au pays des Hespérides. Leur tête est entourée de serpents et leurs yeux étincelants transforment en pierre ceux qui les regardent.
3. ***Hermès*** : fils de Zeus et de Maïa ; messager des dieux, il accompagne les âmes des morts aux Enfers.
4. ***Pluton*** : *Hadès*, dieu des Enfers.
5. ***Le mit en demeure*** : lui ordonna.
6. ***Achéron*** : fleuve souterrain des Enfers constituant la frontière entre le monde des vivants et celui des morts.
7. ***Cuirasse*** : partie de l'armure qui recouvre le buste.

Hélène, la plus belle femme du monde, enlevée par le Troyen Pâris à son mari, Ménélas, un roi grec.
Les héros ne sont pas seuls à combattre : les dieux se mêlent au conflit, soutenant soit le côté grec, soit le côté troyen. Certains inspirent des guerriers, les poussant à réaliser des exploits surhumains, qui donnent lieu à des scènes impressionnantes que l'on nomme « aristies [1] », comme ici celle du combattant Diomède [2].

## Le héros et l'antihéros

### 1. Aristie de Diomède

C'est alors qu'au fils de Tydée, Diomède, Pallas Athénè [3] donna l'ardeur et l'audace, pour qu'il se distinguât entre tous les Argiens, et remportât une belle gloire. Elle fit jaillir de son casque et de son bouclier un feu infatigable, semblable à l'astre d'automne qui surtout brille et resplendit quand il s'est baigné dans l'océan. Tel le feu qu'elle fit jaillir de la tête et des épaules de Diomède. Puis, elle le poussa au milieu, au plus épais du tumulte. [...]

Énée [4] s'élança du char avec son bouclier et sa longue lance, de peur que les Achéens ne lui arrachassent le cadavre [5]. Il tournait autour, comme un lion confiant en sa vaillance ; il le couvrait de sa lance et de son bouclier bien équilibré, prêt à tuer quiconque l'affronterait, et poussant des cris effroyables. Mais le fils de Tydée saisit de sa main une pierre, lourde masse, que ne porteraient pas deux hommes tels que les humains d'aujourd'hui ; lui,

**1.** ***Aristies*** : séries d'exploits individuels accomplis par un héros en transe.
**2.** Il n'a rien à voir avec celui dont Héraclès transporte les juments (voir p. 32).
**3.** ***Pallas Athénè*** : Athéna, fille de Zeus et de Métis, déesse guerrière.
**4.** ***Énée*** : prince troyen, fils du mortel Anchise et de la déesse de l'amour Aphrodite.
**5.** Il s'agit du cadavre de Pandaros, combattant du côté troyen, qui vient de trouver la mort.

il la brandissait aisément, et seul. Il en frappa Énée à la hanche, à l'endroit où la cuisse tourne dans la hanche, et qu'on appelle cotyle. Il froissa le cotyle, et, en outre, rompit les deux tendons ; et la peau fut emportée par la pierre raboteuse. Le héros, tombé à genoux, se soutint en appuyant sa main épaisse sur la terre ; et sur ses yeux une nuit sombre s'étendit.

Sans doute aurait péri là le chef de guerriers Énée, s'il n'eût été vite aperçu par la fille de Zeus, Aphrodite, sa mère (elle le conçut d'Anchise, un jour qu'il gardait ses bœufs). Autour de son fils chéri elle coula ses bras blancs ; et devant lui, d'un pan de sa robe, elle fit un voile, un rempart contre les traits [1], de peur qu'un Danaen aux chevaux rapides, en frappant avec le bronze Énée à la poitrine, ne lui enlevât la vie.

Elle emporta donc, furtivement, son fils chéri loin du combat. Quant au fils de Capanée [2], il n'oublia pas les instructions de Diomède bon pour le cri de guerre [3]. Il arrêta ses chevaux aux sabots massifs à l'écart du tumulte, les rênes attachées au bouton, et, bondissant sur les chevaux d'Énée, à la belle robe, les poussa loin des Troyens vers les Achéens aux beaux jambarts [4]. Il les donna à Déipyle, son compagnon – l'homme de son âge qu'il estimait le plus, parce que ses pensées s'adaptaient bien aux siennes –, pour les pousser vers les vaisseaux creux. Le héros, lui, remontant derrière ses chevaux, saisit les rênes brillantes, et vite vers le fils de Tydée lança ses chevaux aux sabots robustes, avec impatience.

---

**1.** ***Traits*** : voir note 4, p. 31.

**2.** ***Fils de Capanée*** : Sthénélos, compagnon de Diomède.

**3.** ***Diomède bon pour le cri de guerre*** : les héros épiques d'Homère sont souvent qualifiés d'une expression (appelée « épithète homérique ») qui rappelle leur qualité principale. Ainsi, Diomède est reconnaissable à son cri de guerre retentissant.

**4.** ***Jambarts*** : jambières, pièces de l'armure recouvrant les jambes et parfois les genoux.

Or, Diomède poursuivait Cypris [1] avec le bronze impitoyable. Il la savait déesse sans vaillance, et non de ces déesses qui commandent aux hommes à la guerre, Athénè, ou Ényo [2] destructrice de villes. Quand il l'eut rejointe en la poursuivant dans l'épaisse mêlée, se fendant, le fils du courageux Tydée blessa Cypris à l'extrémité de la main, d'un bond, lance aiguë contre chair délicate. Aussitôt la lance perça la peau (à travers la robe divine que les Charites [3] avaient faite elles-mêmes), au poignet, au-dessus de la paume. Alors coula le sang divin de la déesse, l'ichor [4], tel qu'il coule du corps des dieux bienheureux ; car ils ne mangent pas de pain, ne boivent pas de vin flamboyant : c'est pourquoi ils n'ont pas de sang, et sont appelés immortels.

La déesse, poussant un grand cri, laissa retomber son fils. Celui-ci, les mains de Phébus Apollon [5] l'enlevèrent dans un nuage sombre, de peur qu'un Danaen aux chevaux rapides, le frappant avec le bronze à la poitrine, ne lui enlevât la vie.

[Dans le monde de l'*Iliade*, il n'y pas que des héros glorieux. Le malheureux Thersite, guerrier grec, apparaît comme un véritable antihéros : là où tous sont décrits comme extrêmement beaux, lui est d'une laideur repoussante ; de plus, il n'est respecté de personne car il est persifleur. Cependant, pour le lecteur moderne, il apparaît comme celui qui dit la vérité. Selon lui, Agamemnon, qui a lancé avec son frère Ménélas l'expédition grecque contre Troie, est venu pour s'enrichir du butin des combats et flatter son orgueil de roi.]

---

1. ***Cypris*** : surnom d'Aphrodite (voir note 4, p. 34).
2. ***Ényo*** : déesse des batailles.
3. ***Les Charites*** : les trois Grâces Euphrosyne, Thalie et Aglaé, déesses de la joie, de l'abondance et de la beauté.
4. ***Ichor*** : dans la mythologie grecque, c'est le sang des dieux, différent de celui des mortels.
5. ***Phébus Apollon*** : dieu du Soleil, fils de Zeus et de Léto.

## 2. Thersite

Tous s'asseyaient et se rangèrent sur les bancs. Seul Thersite, parleur sans mesure, piaillait encore. Son esprit abondait en paroles de désordre, pour chercher, vainement, mais contre le bon ordre, querelle aux rois, avec tout ce qu'il jugeait propre à faire rire les Argiens. Il était le plus laid des hommes venus devant Ilion [1] : louche, boiteux d'une jambe, la poitrine creuse entre des épaules voûtées ; là-dessus une tête pointue, où végétait un rare duvet. Il était détesté surtout d'Achille [2] et d'Ulysse [3], car c'est contre eux que, d'habitude, il récriminait. Cette fois, c'était contre le divin Agamemnon que, d'une voix aiguë, il débitait des injures : c'était à lui, en effet, que les Achéens en voulaient extrêmement, fort irrités en leur cœur. Aussi, criant très fort, Thersite querellait Agamemnon :

« Atride [4], de quoi encore te plains-tu, ou as-tu besoin ? Elles sont pleines de bronze, tes baraques ; beaucoup de femmes s'y trouvent aussi, des femmes de choix, que nous, les Achéens, nous te donnons, à toi avant tout autre, quand nous prenons une ville. Veux-tu encore l'or que t'apportera, peut-être, quelque Troyen dompteur de chevaux, d'Ilion, comme rançon de son fils, ligoté et amené ici par moi ou par un autre Achéen ? Veux-tu quelque jeune femme, pour t'unir à elle d'amour, et la garder pour toi seul, loin de tous ? Il ne convient pourtant pas à leur chef de jeter dans le malheur les fils d'Achéens. Ô êtres mous, vils objets d'opprobre, Achéennes et non plus Achéens, rentrons donc chez nous avec nos vaisseaux, et laissons cet homme ici, en

---

1. ***Ilion*** : Troie.
2. ***Achille*** : héros grec, demi-dieu invulnérable, sauf au talon ; il mourra en recevant une flèche précisément à cet endroit.
3. ***Ulysse*** : héros grec dont Homère raconte, dans l'*Odyssée*, les exploits pour rentrer dans son île d'Ithaque après la guerre de Troie (voir p. 39).
4. ***Atride*** : membre de la famille maudite des descendants d'Atrée. Agamemnon est l'un de ses fils.

Troade[1], savourer ses récompenses, pour qu'il voie si nous lui sommes de quelque utilité, ou non. Voilà qu'encore, maintenant, Achille, un homme bien supérieur à lui, il l'a déshonoré ! Il lui a pris et détient sa récompense, que de lui-même il a ravie[2]. Achille, certes, n'a pas de bile dans le cœur, il laisse tout faire ; autrement, Atride, c'eût été ton dernier méfait. »

Ainsi parlait, querellant Agamemnon, pasteur de troupes, Thersite. Près de lui, soudain, se dressa le divin Ulysse, qui, le regardant en dessous, l'invectiva rudement :

« Thersite, bavard inconsidéré, quoique orateur à la voix claire, retiens-toi, et ne prétends pas, seul, chercher querelle aux rois. Il n'y a pas, je l'affirme, pire mortel que toi, entre tous ceux qui sont, avec l'Atride, venus devant Ilion. Ainsi tu pourrais éviter d'avoir sans cesse le nom des rois à la bouche, de proférer contre eux des outrages, de veiller au retour ! Nous ne savons encore clairement comment les choses iront, si nous nous en retournerons bien ou mal, nous, fils d'Achéens. Et toi, maintenant, l'Atride Agamemnon, pasteur de troupes, tu es là à l'insulter, parce qu'il reçoit beaucoup des héros Danaens, et tu tiens des propos blessants. Eh bien, je vais te dire, et ceci s'accomplira : si je te prends encore à déraisonner, comme aujourd'hui, qu'Ulysse ne garde plus sa tête sur ses épaules, qu'on ne m'appelle plus le père de Télémaque, si je ne t'attrape moi-même, si je ne t'enlève tes vêtements, manteau, tunique, et ce qui couvre ton sexe, si je ne te renvoie, pleurant, vers les vaisseaux fins, chassé de l'agora[3] avec des coups déshonorants. »

Il dit, et de son sceptre, sur le dos et les épaules, lui donna des coups. Thersite se courba, laissant tomber de grosses larmes ; une tumeur[4] sanguinolente se gonfla sur son dos, frappé par le

---

1. ***Troade*** : région de Troie.
2. ***Ravie*** : enlevée.
3. ***Agora*** : ici, réunion, conseil des guerriers grecs.
4. ***Tumeur*** : bosse.

sceptre doré. Il s'assit, effrayé, et, souffrant, regardant sans voir, essuya ses larmes. Les Achéens, malgré leur affliction, rirent de lui doucement, et chacun disait en regardant son voisin : « Ah ! vraiment, Ulysse a fait mille belles actions, en proposant de bons avis et en armant la guerre. Mais aujourd'hui il fit mieux que jamais, parmi les Argiens, en imposant silence à cet insulteur blessant. Sans doute, après cela, son cœur arrogant ne le poussera plus à quereller les rois, avec des injures. »

Homère, *Iliade*, trad. Eugène Lassère, GF-Flammarion, 2000, rééd. 2013, chant V, v. 1-9, p. 87, et v. 297-346, p. 94-95 ; puis chant II, v. 198-283, p. 44-45.

## Homère, *Odyssée* (VIIIe siècle av. J.-C.)

Après l'*Iliade*, l'*Odyssée* est le second poème attribué à Homère. Il raconte le retour à Ithaque, après la guerre de Troie, d'Ulysse, l'un des plus célèbres guerriers grecs. Le poème porte d'ailleurs son nom : en grec, Ulysse se dit *Odysseus*. Dans ce passage, Ulysse raconte ses propres aventures. Pressé de retrouver sa patrie, il doit affronter avec ses compagnons le Cyclope Polyphème, un monstre gigantesque doté d'un seul œil. Contrairement à Diomède qui faisait preuve de force (p. 34), Ulysse, lui, est héroïque par sa ruse.

### Ulysse et le Cyclope

Dès l'Aurore[1] aux doigts de rose, le Cyclope allumait du feu et trayait ses brebis. Quand il eut fini son travail, il saisit ensemble encore deux de mes gens et prépara son déjeuner. Son repas achevé, il fit sortir de l'antre[2] ses grasses brebis, ayant sans

---

1. ***Aurore*** : déesse de l'Aurore, sœur du Soleil et de la Lune, qui, chaque matin, montée sur son char où sont attelés les chevaux du Soleil, ouvre la barrière du jour de ses doigts de rose.
2. ***L'antre*** : la caverne.

effort retiré la grosse pierre qui fermait la porte ; il la replaça ensuite.

Et moi, je restais là, méditant mon malheur au fond de ma poitrine, et je cherchais un moyen de nous venger. Le Cyclope avait laissé dans l'enclos sa grande massue : c'était un bois d'olivier encore vert. Nous, en la voyant, nous l'avions comparée au mât d'un noir vaisseau, tant elle était longue. Je m'approche, j'en coupe une certaine longueur, je la passe à mes compagnons et leur ordonne d'en ôter l'écorce. Ils la polirent, et moi, je la taillai au bout, et la durcis aussitôt au feu flambant. Puis je la déposai avec soin en la cachant sous le fumier. Ensuite, je pressai mes compagnons de tirer au sort lesquels devraient se risquer avec moi à soulever le pieu et le tourner dans l'œil du géant, quand l'aurait gagné le doux sommeil. Le sort désigna ceux que j'aurais moi-même préféré choisir, quatre, ce qui faisait cinq avec moi.

Au soir, il revint ramenant son troupeau à la belle toison[1]. Quand il eut fini tout son travail, il saisit encore deux de mes gens ensemble, et prépara son souper. Alors, moi, m'approchant, je m'adressai au Cyclope, tenant en main une jatte[2] de vin noir : « Cyclope, tiens, bois ce vin, après la chair humaine que tu as mangée. »

Il prit la jatte et la vida. Je lui en apportai et donnai trois fois, et trois fois il but, l'imprudent ! Puis, quand le vin eut enveloppé les esprits du Cyclope, alors je lui adressai ces paroles mielleuses :

« Cyclope, tu me demandes quel est mon nom fameux ; je vais donc te le dire. Toi, fais-moi un cadeau d'hospitalité, comme tu l'as promis. Personne, voilà mon nom.

– Personne, je te mangerai le dernier de tes compagnons, me répondit-il aussitôt d'un cœur impitoyable. Ce sera mon cadeau d'hospitalité. »

---

1. ***Toison*** : laine.
2. ***Jatte*** : écuelle.

Ce disant, il se renversa et tomba le ventre en l'air. Le sommeil le prit. Il rotait dans son ivresse. Alors moi, je poussai le pieu sous la cendre épaisse. Dès qu'il fut près de flamber, je le tirai du feu et l'approchai, et mes compagnons se tenaient autour de moi ; un dieu leur avait inspiré grande hardiesse. Ayant saisi le pieu, ils en appuyèrent la pointe sur le globe de l'œil ; moi, pesant dessus de tout mon poids, je le faisais tourner sur lui-même ; et le sang jaillissait autour de la pointe brûlante.

Terrible fut le grand gémissement qu'il poussa. Et nous, épouvantés, nous nous enfuîmes. Il retira de son œil le pieu souillé de sang. En délire, il le rejette loin de lui. Puis il appelle à grands cris les Cyclopes, qui habitent les cavernes environnantes. Ceux-ci, entendant son cri, accouraient de tous côtés, et, réunis autour de l'antre, ils demandaient la cause de sa peine.

« Quelle douleur t'accable, Polyphème ? Est-ce qu'un mortel cherche à te tuer par ruse ou violence ? »

Et du fond de l'antre, le fort Polyphème leur répondit :

« Qui me tue, amis ? Personne, par ruse ; nulle violence.

– Si personne ne te fait violence et si tu es seul, c'est sans doute une maladie que t'envoie le grand Zeus et que tu ne peux éviter ; invoque donc notre père, le puissant Poséidon [1] ! »

Ainsi parlèrent-ils en s'en allant ; moi, je me mis à rire en mon cœur, en pensant comme mon nom et mon habile tour les avaient abusés. Le Cyclope gémissant avait, en étendant les mains à tâtons, retiré la pierre de la porte, puis s'asseyait en travers de la porte les deux bras étendus, pour essayer de prendre qui tenterait de sortir avec les brebis. Il comptait en son esprit que je serais niais à ce point ! Mais moi, je délibérais, espérant trouver le plus sûr moyen pour mes compagnons et moi-même d'échapper à la mort. Ses béliers bien nourris, avaient une épaisse toison. Sans bruit, je les assemblai et les liai trois par

1. ***Poséidon*** : dieu de la mer et des océans en furie.

trois avec des osiers bien tressés sur lesquels dormait le Cyclope. Trois béliers faisaient passer un homme.

Nous attendîmes donc l'Aurore aux doigts de rose. Le monstre fit sortir ses béliers pour les mener paître. Leur maître, accablé par ses violentes douleurs, tâtait l'échine[1] de toutes ses bêtes. L'insensé ne vit pas ceux qui s'étaient attachés sous les toisons des moutons.

Arrivés à faible distance de l'antre, le premier je me déliai du bélier, et je déliai mes compagnons. Sans tarder nous poussons les moutons jusqu'à notre arrivée au vaisseau. Mes hommes embarquèrent aussitôt. Assis à leur rang, ils frappaient de leurs rames la mer écumante.

Quand je ne fus pas trop loin pour faire entendre ma voix, j'adressai au Cyclope ces railleries :

« Cyclope, de méchantes représailles devaient t'atteindre, cruel, qui ne craignais pas de manger des hôtes en ta maison. Aussi Zeus et les autres dieux se sont-ils vengés ! »

Homère, *Odyssée*, GF-Flammarion, trad. Médéric Dufour et Jeanne Raison (adaptée pour cette édition), 2009, chant IX, v. 296-500, p. 135-139.

## Hérodote, *Enquête* (v^e siècle av. J.-C.)

Surnommé « le père de l'histoire », Hérodote (v^e siècle av. J.-C.) est l'auteur d'une œuvre gigantesque, l'*Enquête* (*Historia*, en grec), dans laquelle il relate les conflits qui ont opposé les Grecs et les Perses à son époque : les guerres médiques. Dans ce cadre, il retrace l'histoire du roi Cyrus (559-530 av. J.-C.) qui unit deux peuples, les Perses et les Mèdes, fondant ainsi l'Empire perse, qui s'étendait de l'Afghanistan à l'Iran actuels. Décrivant la naissance et l'enfance de Cyrus, Hérodote traite ce personnage historique comme un véritable héros.

1. ***L'échine*** : le dos.

## Histoire de Cyrus

La première année du mariage de Cambyse[1] avec Mandane, Astyages eut un songe : il lui sembla voir sortir du sein de sa fille une vigne qui couvrait toute l'Asie. Les mages, interprètes des songes, lui ayant prédit, d'après cette vision, que l'enfant qui naîtrait de cette princesse régnerait un jour à sa place, il fit venir de Perse Mandane, sa fille, qui était enceinte et proche de son terme. Aussitôt après son arrivée, il la fit garder, dans le dessein de faire périr l'enfant dont elle serait mère.

Cyrus fut à peine né qu'Astyages convoqua Harpage, son parent, celui de tous les Mèdes qui lui était le plus attaché.

« Harpage, lui dit-il, prends l'enfant qui vient de naître de Mandane, porte-le dans ta maison, fais-le mourir, et inhume-le ensuite comme il te plaira. »

On remit donc l'enfant, couvert de riches ornements, entre les mains d'Harpage. Il s'en retourna chez lui les larmes aux yeux ; et, en abordant sa femme, il lui raconta tout ce qu'Astyages lui avait dit.

« Quelle est votre décision ? reprit-elle.

– Je n'exécuterai point les ordres d'Astyages, répondit-il. Pour ma sûreté, il faut que l'enfant périsse ; mais ce sera par les mains de quelqu'un des gens d'Astyages. »

Sur-le-champ il envoya chercher un des bouviers[2] qui s'appelait Mitradates. Sa femme, esclave d'Astyages tout comme lui, se nommait Spaco. Le bouvier étant arrivé, Harpage lui parla ainsi :

« Astyages te commande de prendre cet enfant, et de l'exposer sur la montagne la plus déserte, afin qu'il périsse promptement. »

Aussitôt Mitradates prit l'enfant et retourna dans sa cabane, sa femme, qui n'attendait de jour en jour que le moment d'accoucher, mit au monde un fils mort-né.

---

1. ***Cambyse*** : père de Cyrus et époux de Mandane, la fille d'Astyages, roi des Mèdes.

2. ***Bouviers*** : personnes qui gardent et conduisent les bœufs.

Dès que Mitradates fut de retour, sa femme voulut savoir pourquoi Harpage l'avait envoyé chercher avec tant d'empressement. Il lui expliqua ce qui lui était arrivé.

« Ma femme, ajouta-t-il, j'ai pris cet enfant et l'ai emporté, croyant qu'il était à quelqu'un de sa maison. J'étais cependant étonné de le voir couvert d'or et de langes si précieux et de voir toute la maison d'Harpage en pleurs. Chemin faisant, j'ai bientôt appris que l'enfant est à Mandane et à Cambyse. »

En achevant ces mots, Mitradates découvre l'enfant, et le montre à sa femme. Charmée de sa grandeur et de sa beauté, elle embrasse les genoux de son mari, et le supplie, les larmes aux yeux :

« Puisque je ne saurais, dit-elle, te persuader, et qu'il faut absolument qu'on voie un enfant exposé, fais du moins ce que je vais te dire. Je suis accouchée d'un enfant mort : va le porter sur la montagne, et nourrissons celui de la fille d'Astyages comme s'il était à nous. »

Le bouvier suivit son conseil. Il lui remet l'enfant qu'il avait apporté pour le faire mourir, prend le sien qui était mort, le met dans le berceau du jeune prince avec tous ses ornements, et va l'exposer sur la montagne la plus déserte. Quant au jeune prince, Spaco en prit soin et l'éleva. Il fut dans la suite connu sous le nom de Cyrus ; mais Spaco lui donna quelque autre nom.

Cet enfant, étant âgé de dix ans, eut une aventure qui le fit reconnaître. Un jour où, dans le village, il jouait dans la rue avec d'autres enfants de son âge, ceux-ci l'élurent pour leur roi. Le fils d'Artembarès, homme de distinction chez les Mèdes, jouait avec lui. Comme il avait refusé d'exécuter ses ordres, Cyrus le fit saisir par les autres enfants, et maltraiter à coups de verges [1]. Outré d'un traitement si indigne de sa naissance, il alla à la ville porter ses plaintes à son père qui alla trouver le roi avec son fils, et se plaignit du traitement odieux qu'il avait reçu.

1. ***Verges*** : baguettes de bois.

« Seigneur, dit-il, en découvrant les épaules de son fils, c'est ainsi que nous a outragés un de vos esclaves, le fils de votre bouvier. »

Astyages, voulant venger le fils d'Artembarès, par égard pour le père, envoya chercher Mitradates et son fils. Lorsqu'ils furent arrivés :

« Comment, dit le prince à Cyrus en le regardant, étant ce que tu es, as-tu eu l'audace de traiter d'une manière si indigne le fils d'un des premiers de ma cour ?

– Je l'ai fait, seigneur, avec justice, répondit Cyrus. Les enfants du village m'avaient choisi en jouant pour être leur roi. Le fils d'Artembarès n'y eut aucun égard, et refusa de m'obéir. Je l'en ai puni : si cette action mérite quelque châtiment, me voici prêt à le subir. »

La ressemblance des traits de cet enfant avec les siens, sa réponse noble, son âge qui s'accordait avec le temps de l'exposition de son petit-fils, tout concourait à le faire reconnaître d'Astyages. Frappé de ces circonstances, ce prince demeura quelque temps sans pouvoir parler.

Hérodote, *Enquête*, trad. Pierre-Henri Larcher
(adaptée pour cette édition), Charpentier, 1850.

## Diodore de Sicile, *Bibliothèque historique* (Iᵉʳ siècle av. J.-C.)

Historien grec du Iᵉʳ siècle avant notre ère, Diodore de Sicile est l'auteur d'une histoire universelle, la *Bibliothèque historique*. Il se penche notamment sur les Amazones. Héroïnes guerrières, les Amazones sont censées avoir participé à la guerre de Troie. En évoquant ce peuple, l'auteur entend représenter une société dans laquelle les femmes ont un tout autre rôle que celui qui est le leur au Iᵉʳ siècle av. J.-C. : les Amazones font dès lors office de contre-modèles.

## Histoire des Amazones

Sur les rives du fleuve Thermodon [1] habitait jadis un peuple gouverné par des femmes, exercées, comme les hommes, au métier de la guerre. L'une d'elles, revêtue de l'autorité royale, et remarquable par sa force et son courage, forma une armée composée de femmes, l'accoutuma aux fatigues de la guerre et s'en servit pour soumettre quelques peuplades du voisinage. Ce succès ayant augmenté sa renommée, elle marcha contre d'autres peuples limitrophes [2]. La fortune [3], qui lui était encore favorable dans cette expédition, l'enfla d'orgueil : la reine se prétendit fille de Mars [4], contraignit les hommes à filer la laine et à se livrer à des travaux de femmes ; elle fit des lois d'après lesquelles les fonctions militaires appartenaient aux femmes, tandis que les hommes étaient tenus dans l'humiliation et l'esclavage. Les femmes estropiaient les enfants mâles, dès leur naissance, des jambes et des bras, de manière à les rendre impropres au service militaire ; elles brûlaient la mamelle droite aux filles, afin que la proéminence du sein ne les gênât pas dans les combats. C'est pour cette dernière raison qu'on leur donna le nom d'Amazones [5]. Enfin, leur reine, si célèbre par sa sagesse et son esprit guerrier, fonda, à l'embouchure du fleuve Thermodon, une ville considérable, nommée Themiscyre, et y construisit un palais fameux. Elle eut soin d'établir une bonne discipline, et avec le concours de son armée elle recula jusqu'au Tanaïs [6] les limites de

1. ***Thermodon*** : fleuve situé dans le nord de l'actuelle Turquie.
2. ***Limitrophes*** : voisins.
3. ***Fortune*** : chance, sort.
4. ***Mars*** : dieu de la guerre dans la mythologie romaine (Arès dans la mythologie grecque).
5. Selon une étymologie fantaisiste, « Amazones » signifierait « celles qui se coupent le sein ». Les Amazones pouvaient ainsi plus aisément tirer à l'arc.
6. ***Tanaïs*** : nom grec que l'on donne dans l'Antiquité au fleuve Don, situé dans l'actuelle Russie.

son empire. Enfin, après de nombreux exploits, elle eut une mort héroïque dans un combat, en se défendant vaillamment.

Sa fille qui lui succéda au trône, jalouse d'imiter sa mère, la surpassa même en beaucoup de choses. Elle exerçait les jeunes filles à la chasse dès leur plus tendre enfance, et les accoutumait à supporter les fatigues de la guerre. Elle institua des sacrifices somptueux en honneur de Mars et de Diane [1], surnommée Tauropole. Portant ses armes au-delà du Tanaïs, elle soumit de nombreuses peuplades, en étendant ses conquêtes jusqu'à la Thrace [2]. De retour dans son pays, et chargée de dépouilles [3], elle éleva à Mars et à Diane des temples splendides, et se concilia l'amour de ses sujets par la justice de son gouvernement. Entreprenant ensuite une expédition d'un côté opposé, elle conquit une grande partie de l'Asie, et étendit sa domination jusqu'à la Syrie. Les reines qui lui succédèrent comme héritières directes régnèrent avec éclat, et ajoutèrent encore à la puissance et à la renommée de la nation des Amazones. Après un grand nombre de générations, le bruit de leur valeur s'étant répandu par toute la terre, Hercule [4], fils d'Alcmène et de Jupiter, reçut, dit-on, d'Eurysthée la tâche de lui apporter la ceinture de l'Amazone Hippolyte. En conséquence, Hercule entreprit une expédition, et gagna une grande bataille dans laquelle il détruisit l'armée des Amazones, prit Hippolyte vivante, lui enleva sa ceinture et porta un coup mortel à la nation des Amazones. Car les Barbares [5] du voisinage, méprisant les Amazones ainsi domptées, et se souvenant des injures passées, leur firent une guerre implacable et parvinrent jusqu'à effacer le nom même des Amazones. Cependant on

---

**1.** ***Diane*** : déesse vierge et chasseresse dans la mythologie romaine (Artémis dans la mythologie grecque).

**2.** ***Thrace*** : région de la péninsule balkanique.

**3.** ***Dépouilles*** : biens prélevés aux ennemis (armes, argent…). Par le même mot se trouvent aussi désignés les cadavres de ceux-ci.

**4.** ***Hercule*** : Héraclès dans la mythologie grecque (voir p. 31).

**5.** ***Barbares*** : peuples non Grecs.

raconte que, plusieurs années après l'expédition d'Hercule, on remarqua dans la guerre de Troie Penthésilée, fille de Mars et reine des Amazones, qui avait échappé à l'extermination ; qu'elle s'était enfuie de sa patrie pour se soustraire [1] à la vengeance d'un meurtre, et que, combattant vaillamment dans les rangs des Troyens, après la mort d'Hector [2], elle tua un grand nombre de Grecs, et tomba enfin glorieusement sous le fer d'Achille [3]. Ce fut la dernière Amazone renommée pour son courage ; ce qui restait de cette nation a fini par disparaître entièrement. C'est pourquoi, lorsqu'on parle aujourd'hui de l'histoire antique des Amazones, on croit entendre des contes forgés à plaisir [4].

Diodore de Sicile, *Bibliothèque historique*, trad. Fred Hoefer, Charpentier, 1846, livre II, 45-46.

## Ancien Testament, premier livre de Samuel (VIe-Ve siècles av. J.-C.)

Ensemble de textes écrits entre le VIIe et le Ier siècle av. J.-C., l'Ancien Testament [5] évoque un grand nombre de sujets très divers : Dieu, les hommes, la morale... L'histoire et le destin du peuple juif – peuple errant avec lequel Dieu a conclu une alliance, en lui destinant la terre de Canaan (aujourd'hui la Palestine) pour qu'il y établisse un puissant royaume – sont ceux qui occupent le plus ses auteurs. Mais l'installation dans la Terre promise est délicate : il faut

1. ***Se soustraire*** : échapper.
2. ***Hector*** : héros troyen.
3. ***Achille*** : voir note 2 p. 37.
4. ***Contes forgés à plaisir*** : histoires inventées de toutes pièces.
5. Ce que les chrétiens appellent Ancien Testament correspond à la « Bible » que les juifs appellent *Miqra* ou *Tanak*. La Bible des chrétiens, elle, se compose de l'Ancien et du Nouveau Testament (ce dernier est l'ensemble des textes relatifs à la vie de Jésus et à l'enseignement de ses premiers disciples).

lutter contre les peuples qui sont établis dans le pays, comme les terribles Philistins. Les Hébreux, pour mieux affronter ceux-ci, choisissent de se doter d'un roi. Le premier livre de Samuel raconte les débuts de la monarchie chez les Hébreux, en particulier à travers l'ascension d'un jeune berger, David, qui deviendra le deuxième roi d'Israël après Saül.
David est d'abord appelé auprès du roi Saül pour l'apaiser par des chansons. Mais, rapidement, il réalise un premier exploit au cours d'une guerre contre les Philistins : armé d'une simple fronde, il abat le redoutable guerrier Goliath. C'est la victoire du faible sur le fort.

## David et Goliath : la victoire du faible sur le fort

Les Philistins réunirent leurs armées pour faire la guerre. Saül et les hommes d'Israël se rassemblèrent aussi ; ils se mirent en ordre de bataille contre les Philistins. Les Philistins étaient vers la montagne d'un côté, et Israël[1] était vers la montagne de l'autre côté : la vallée[2] les séparait.

Un homme sortit alors du camp des Philistins, et s'avança entre les deux armées. Il se nommait Goliath, il était de Gath[3], et il avait une taille de six coudées et un empan[4]. Sur sa tête était un casque d'airain[5], et il portait une cuirasse[6] à écailles du poids de cinq mille sicles d'airain[7]. Il avait aux jambes une armure d'airain, et un javelot d'airain entre les épaules. Le bois de sa lance était comme une ensouple[8] de tisserand, et la lance pesait six cents sicles de fer. Celui qui portait son bouclier marchait devant lui.

---

1. ***Israël*** : le peuple d'Israël.
2. ***La vallée*** : il s'agit de la vallée du Térébinthe, au sud-ouest de Bethléem.
3. ***Gath*** : ville philistine.
4. ***Six coudées et un empan*** : plus de 2,80 m.
5. ***Airain*** : bronze.
6. ***Cuirasse*** : voir note 7, p. 33.
7. ***Cinq mille sicles d'airain*** : environ 60 kg.
8. ***Ensouple*** : cylindre du métier à tisser sur lequel s'enroule le tissu.

Le Philistin s'arrêta ; et, s'adressant aux troupes d'Israël rangées en bataille, il leur cria :

« Pourquoi sortez-vous pour vous ranger en bataille ? Ne suis-je pas le Philistin, et n'êtes-vous pas des esclaves de Saül ? Choisissez un homme qui descende contre moi ! S'il peut me battre et qu'il me tue, nous vous serons assujettis ; mais si je l'emporte sur lui et que je le tue, vous nous serez assujettis et vous nous servirez. »

Saül et tout Israël entendirent ces paroles du Philistin, et ils furent effrayés et saisis d'une grande crainte.

David dit à Saül :

« Que personne ne se décourage à cause de ce Philistin ! Ton serviteur[1] ira se battre avec lui. »

Saül dit à David :

« Tu ne peux pas aller te battre avec ce Philistin, car tu es un enfant, et il est un homme de guerre dès sa jeunesse. »

David dit à Saül :

« Ton serviteur faisait paître les brebis de son père. Et quand un lion ou un ours venait en enlever une du troupeau, je courais après lui, je le frappais, et j'arrachais la brebis de sa gueule. S'il se dressait contre moi, je le saisissais par la gorge, je le frappais, et je le tuais. C'est ainsi que ton serviteur a terrassé[2] le lion et l'ours, et il en sera du Philistin comme de l'un d'eux, car il a insulté l'armée du Dieu vivant. L'Éternel[3], qui m'a délivré de la griffe du lion et de la patte de l'ours, me délivrera aussi de la main de ce Philistin. »

Et Saül dit à David :

« Va, et que l'Éternel soit avec toi ! »

Saül fit mettre ses vêtements à David, il plaça sur sa tête un casque d'airain, et le revêtit d'une cuirasse. David ceignit[4] l'épée

---

**1.** ***Ton serviteur*** : c'est-à-dire « moi qui te parle, David ».

**2.** ***A terrassé*** : a vaincu.

**3.** ***L'Éternel*** : Dieu.

**4.** ***Ceignit*** : se mit autour de la taille.

de Saül par-dessus ses habits, et voulut marcher, car il n'avait pas encore essayé. Mais il dit à Saül :

« Je ne puis pas marcher avec cette armure, je n'y suis pas accoutumé. »

Et il s'en débarrassa. Il prit en main son bâton, choisit dans le torrent cinq pierres polies, et les mit dans sa gibecière[1] de berger et dans sa poche. Puis, sa fronde à la main, il s'avança contre le Philistin.

Le Philistin s'approcha peu à peu de David, le regarda, et lorsqu'il aperçut David, il le méprisa, ne voyant en lui qu'un enfant, blond et d'une belle figure. Le Philistin dit à David :

« Suis-je un chien pour que tu viennes à moi avec des bâtons ? Viens vers moi, et je donnerai ta chair aux oiseaux du ciel et aux bêtes des champs. »

David dit au Philistin :

« Tu marches contre moi avec l'épée, la lance et le javelot ; et moi, je marche contre toi au nom de l'Éternel des armées, du Dieu de l'armée d'Israël, que tu as insultée. Aujourd'hui l'Éternel te livrera entre mes mains, je t'abattrai et je te couperai la tête : aujourd'hui je donnerai les cadavres du camp des Philistins aux oiseaux du ciel et aux animaux de la terre. Et toute la terre saura qu'Israël a un Dieu. Et toute cette multitude saura que ce n'est ni par l'épée ni par la lance que l'Éternel sauve. Car la victoire appartient à l'Éternel. Et il vous livre entre nos mains. »

Aussitôt que le Philistin se mit en mouvement pour marcher au-devant de David, David courut sur le champ de bataille à la rencontre du Philistin. Il mit la main dans sa gibecière, y prit une pierre, et la lança avec sa fronde ; il frappa le Philistin au front, et la pierre s'enfonça dans le front du Philistin, qui tomba le visage contre terre.

Ainsi, avec une fronde et une pierre, David fut plus fort que le Philistin ; il le terrassa et lui ôta la vie, sans avoir d'épée à la

1. ***Gibecière*** : sac porté en bandoulière.

main. Il courut, s'arrêta près du Philistin, se saisit de son épée qu'il tira du fourreau [1], le tua et lui coupa la tête. Les Philistins, voyant que leur héros était mort, prirent la fuite. Et les hommes d'Israël et de Juda [2] poussèrent des cris, et allèrent à la poursuite des Philistins jusque dans la vallée et jusqu'aux portes d'Ékron [3].

Ancien Testament, premier livre de Samuel, 17, 1-52,
trad. Louis Segond, éd. Yves Stalloni, © École des Loisirs, 2006.

## Ancien Testament, livre de Judith (IIe siècle av. J.-C.)

Judith est l'héroïne éponyme du livre que l'Église catholique et les Églises orthodoxes incluent dans l'Ancien Testament (à la différence de la Bible hébraïque). Rédigé sans doute vers le IIe siècle av. J.-C., le livre de Judith emprunte des éléments à de nombreuses époques et retrace un épisode de la lutte du peuple hébreu face à une invasion assyrienne. Le roi des Assyriens, Nabuchodonosor, envoie son général Holopherne : alors que celui-ci est sur le point d'emporter la victoire, Judith parvient à l'approcher en lui faisant croire qu'elle va lui livrer des informations importantes sur ses ennemis. Une fois dans la tente du général, elle use de son charme pour l'enivrer.

### Judith et Holopherne

Quand il se fit tard, les serviteurs d'Holopherne se hâtèrent de partir. Bagoas [4] ferma la tente de l'extérieur et renvoya de la présence de son seigneur tous ceux qui se tenaient là. Ils allèrent se coucher, brisés qu'ils étaient tous par les excès du banquet.

---

1. ***Fourreau*** : étui de l'épée.
2. ***Juda*** : principale des douze tribus d'Israël, dont est issu David.
3. ***Ékron*** : ville philistine.
4. ***Bagoas*** : serviteur d'Holopherne.

Judith fut laissée seule dans la tente, avec Holopherne effondré sur son lit, noyé dans le vin.

Elle dit à sa servante de se tenir prête à l'extérieur de la chambre à coucher et de guetter le moment où elle sortirait, comme chaque jour. Elle avait dit en effet qu'elle sortirait pour sa prière, et en avait également prévenu Bagoas.

Tous s'étaient donc retirés et personne, du plus petit jusqu'au plus grand, n'était resté dans la chambre à coucher. Debout près du lit, Judith se dit en son cœur : « Seigneur, Dieu de toute-puissance, en cette heure, tourne ton regard vers les œuvres de mes mains, pour l'exaltation [1] de Jérusalem.

« Car maintenant c'est le moment de ressaisir ton héritage et de réaliser mon projet pour écraser les ennemis qui se sont dressés contre nous. »

Elle s'avança vers le montant du lit, proche de la tête d'Holopherne, elle en détacha son sabre, elle s'approcha du lit, empoigna la chevelure d'Holopherne et dit : « Rends-moi forte en ce jour, Seigneur, Dieu d'Israël. »

Par deux fois, elle le frappa au cou, de toute sa vigueur, et en détacha la tête.

Puis, elle fit rouler le corps en bas de la couche et détacha le voile des colonnes. Peu après, elle sortit, confia la tête d'Holopherne à sa suivante qui la mit dans sa besace [2] à provisions, et elles sortirent toutes deux ensemble, comme elles avaient coutume de le faire, pour aller prier.

Ancien Testament, livre de Judith, 13, 1-19, trad. © AELPF,
Association épiscopale liturgique pour les pays francophones.

---

1. ***L'exaltation*** : ici, la gloire.
2. ***Sa besace*** : son sac.

## Tite-Live, *Histoire romaine* (Ier siècle av. J.-C.)

Dans son *Histoire romaine,* l'historien latin Tite-Live (59 av. J.-C.-17 apr. J.-C.) entreprend de retracer l'histoire de Rome depuis sa fondation en 753 av. J.-C. Il raconte comment les Romains ont dû s'imposer auprès de leurs voisins, notamment les Étrusques. En 508 av. J.-C., alors que les Romains viennent de chasser leur roi Tarquin le Superbe et d'établir la république, le roi Étrusque Porsenna marche contre Rome, dans le but de la conquérir et de réinstaurer la monarchie. Le récit de cet événement est l'occasion pour l'historien de montrer la capacité de résistance du peuple romain à travers deux exploits légendaires, celui de Mucius Scævola, alors que Rome est assiégée par les Étrusques, et celui de Clélie. Devant tant de courage, Porsenna finira par renoncer à son projet et fera la paix avec Rome.

### Des héros au secours de Rome

### 1. Le courage de Mucius Scævola

Le blocus n'était pas levé pour autant ; le blé manquait et coûtait extrêmement cher ; quant à Porsenna, il gardait l'espoir de prendre la ville d'assaut, à condition de tenir bon. Un jeune patricien[1], Gaius Mucius, trouvait révoltant que le peuple romain soit assiégé par les Étrusques dont il avait si souvent défait les armées, alors qu'aucun ennemi dans aucune guerre ne l'avait assiégé tant qu'il était soumis à la dictature des rois. Décidé à venger cet affront par quelque coup d'éclat, il songea d'abord à pénétrer dans le camp ennemi sans prévenir personne ; mais il craignait, s'il y allait sans l'autorisation des consuls[2] et sans que personne soit au courant, de tomber sur des sentinelles

1. ***Patricien*** : noble.
2. ***Consuls*** : chefs civils et militaires romains.

romaines qui le prendraient pour un déserteur et le ramèneraient de force ; la situation à Rome rendrait l'accusation plausible. Il alla donc au sénat et déclara : « Pères [1], je veux traverser le Tibre et pénétrer, si je le peux, dans le camp ennemi. Je n'y vais ni pour piller ni pour exercer des représailles. Non, j'envisage, avec l'aide des dieux, un plus noble exploit ! » Les sénateurs donnèrent leur accord.

Il partit, cachant une arme sous son vêtement. Arrivé au camp, il s'arrêta près de l'estrade où siégeait le roi, au milieu d'une foule très dense. C'était le jour où les soldats touchaient la solde et un secrétaire, assis à côté du roi et habillé à peu près comme lui, se trouvait très occupé car c'était à lui que les soldats s'adressaient en masse. Mucius n'osa pas demander lequel des deux était Porsenna, craignant d'être trahi par son ignorance et, s'en remettant au hasard pour guider son bras, tua le secrétaire en le prenant pour le roi. Il cherchait à s'échapper et son arme sanglante lui frayait un chemin à travers la foule au milieu du désordre quand les gardes du roi, attirés par le bruit, l'arrêtèrent et le ramenèrent. Debout devant l'estrade royale, il inspirait dans des circonstances si graves plus de crainte encore qu'il n'en éprouvait. Il déclara : « Je suis citoyen romain et je m'appelle Gaius Mucius. Je suis venu en ennemi avec l'intention d'abattre un ennemi et je suis aussi déterminé à mourir que je l'étais à tuer. Le courage dans l'action et dans la mort est une vertu romaine. Je ne suis d'ailleurs pas le seul à vouloir ta perte : longue est la liste de ceux qui aspirent à [2] la même gloire. Prépare-toi donc, si c'est bien ce que tu veux, à défendre ta vie à tout moment, à trouver constamment une arme et un ennemi à la porte de ta tente. Voici la guerre que la jeunesse de Rome et moi-même te déclarons. Ne crains aucune bataille rangée, aucun combat : c'est une affaire qui se réglera entre nous et toi. »

---

1. ***Pères*** : par cette adresse, Mucius Scævola interpelle les sénateurs.
2. ***Aspirent à*** : désirent.

Furieux et effrayé par le danger, Porsenna ordonna, pour faire peur à Mucius, qu'on l'entoure de flammes s'il ne s'expliquait pas immédiatement sur le complot dont il le menaçait à mots couverts. « Pour savoir le mépris qu'ont de leur corps ceux qui aspirent à une grande gloire, dit Mucius, regarde ! » et il plaça sa main droite sur les charbons ardents destinés au sacrifice. Il la laissa brûler, comme insensible à la douleur. Le roi, interdit par ce courage surhumain, bondit de son siège et ordonna qu'on écarte le jeune homme de l'autel. « Pars, dit-il, tu auras eu à souffrir de ta bravoure plus que moi. Je te féliciterais de ton courage si ce courage était au service de ma patrie ; mais je renonce du moins aux droits de la guerre et je te laisse repartir libre, sans mal et sans dommage. » Alors Mucius, comme pour le remercier de ses bontés, lui dit : « Puisque tu honores le courage, je veux me reconnaître à ton égard en te donnant le renseignement que tu n'as pu obtenir sous les menaces : nous sommes trois cents jeunes patriciens romains qui avons juré de t'attaquer de cette façon. Le sort m'a désigné le premier ; les autres, quoi qu'il arrive au premier, viendront les uns après les autres jusqu'à ce que la chance te fasse tomber sous leurs coups. »

## 2. Exploit de Clélie

En même temps que Mucius, qui garda le surnom de Scævola, c'est-à-dire « gaucher », à cause de la perte de sa main droite, Porsenna envoya des parlementaires à Rome ; le premier danger qu'il avait couru et auquel il n'avait échappé que grâce à la méprise[1] de son agresseur, et plus encore la perspective d'essuyer autant d'attentats qu'il restait de conjurés, l'avaient tellement bouleversé qu'il envoya spontanément des propositions de paix à Rome. Au cours des négociations, il évoqua vainement le rétablissement de la monarchie : il n'avait pu refuser ce service aux

1. ***La méprise*** : l'erreur.

Tarquins[1] mais ne se faisait guère d'illusions sur la réponse des Romains. Il obtint ceci : les Romains rendaient leur territoire aux Véiens[2] et s'engageaient à livrer des otages pour que les troupes quittent le Janicule[3]. La paix conclue à ces conditions, Porsenna évacua le Janicule et sortit du territoire de Rome.

Pour récompenser Mucius de sa bravoure, les sénateurs lui donnèrent un terrain sur la rive droite du Tibre[4] ; c'est ce qu'on appela par la suite le pré de Mucius. La glorification du courage fit naître, chez les femmes aussi, le désir de se distinguer au service de la patrie. Une jeune fille, Clélie, retenue en otage, avait observé que le camp étrusque était tout près du Tibre : trompant la surveillance des gardiens, elle traversa le fleuve à la nage, suivie de toutes les jeunes filles ; malgré les traits[5] des ennemis, elle les conduisit sans dommage à Rome et les rendit à leur famille. Quand le roi apprit cette nouvelle, il se mit d'abord en colère et envoya des porte-parole à Rome exiger qu'on lui rende Clélie qui était son otage : les autres ne présentaient pas d'intérêt. Puis il céda à l'admiration : cet exploit, disait-il, dépassait ceux des Coclès[6] et des Mucius ; si on ne rendait pas l'otage, il y aurait rupture du traité, mais si Clélie lui était livrée, il la rendrait aux siens sans lui causer le moindre dommage. On tint parole de part et d'autre : les Romains rendirent l'otage, qui garantissait la paix conformément au traité, et le roi étrusque protégea et même honora la vertu en faisant l'éloge de la jeune fille et en lui donnant à choisir une partie des otages : qu'elle emmène ceux qu'elle voulait ! On les lui amena tous ; elle choisit les enfants, d'après

---

1. ***Tarquins*** : anciens rois de Rome, chassés par le peuple et réfugiés chez Porsenna à qui ils ont demandé de l'aide.
2. ***Véiens*** : habitants de la cité étrusque de Véies, en conflit avec Rome.
3. ***Janicule*** : une des sept collines de Rome.
4. ***Tibre*** : fleuve traversant la ville de Rome.
5. ***Traits*** : voir note 4, p. 31.
6. ***Coclès*** : Horatius Coclès, héros romain célèbre pour avoir défendu un pont à lui tout seul contre les Étrusques.

ce qu'on dit, rendant hommage à la pureté de l'enfance, et les otages eux-mêmes approuvèrent ce choix : on arracha par priorité aux ennemis ceux que leur âge exposait le plus aux outrages. Une fois la paix restaurée, les Romains rendirent des honneurs exceptionnels au courage exceptionnel d'une femme : ils la représentèrent à cheval et placèrent sa statue en haut de la Voie Sacrée[1].

Tite-Live, *Histoire romaine*, trad. Annette Flobert,
GF-Flammarion, 1995 livre II, chap. XII et XIII, p. 174-177.

## Ovide, *Métamorphoses* (Ier siècle)

Dans ses *Métamorphoses,* le Latin Ovide (43 av. J.-C.-17 ou 18 apr. J.-C.) raconte les exploits d'Orphée. Fils de Calliope, muse de l'éloquence et de la poésie épique, il possède un chant si envoûtant qu'il entraîne à sa suite les plantes et les animaux. Il n'utilise pas ce pouvoir pour vaincre un ennemi d'armes mais pour sauver de la mort la femme qu'il aime, Eurydice. Le héros prend ici les traits du poète amoureux.

### Orphée aux Enfers

Comme Eurydice, la jeune épousée, jouait dans les prés avec les nymphes des eaux, ses compagnes, un serpent la piqua au talon et elle mourut.

Orphée la pleura longuement sur la Terre et, quand il l'eut assez pleurée, il partit la chercher au royaume des Ombres[2]. Il

1. ***Voie Sacrée*** : à Rome, voie traversant le forum romain, menant au temple de Jupiter capitolin, sur laquelle défilaient, en triomphe, les généraux victorieux.

2. ***Royaume des Ombres*** : royaume des morts, ou Enfers, les Anciens se représentant les âmes des morts comme des pâles reflets de leurs corps vivants.

descendit jusque sur les bords du Styx[1] et fendit la foule légère des Morts, pour s'approcher de Proserpine[2] et implorer Pluton, le dieu qui règne en maître dans les Enfers.

Le poète préluda[3] sur sa lyre[4] et se mit à chanter :

« Ô vous, dieux du monde souterrain, dieux auxquels nous appartiendrons tous un jour, puisque nous sommes tous promis à la mort, permettez-moi de vous parler avec franchise. Je ne suis pas venu pour connaître le sombre séjour, ni pour enchaîner les trois cous de Cerbère[5], le fils monstrueux de Méduse. Je suis venu pour mon épouse. Le serpent sur lequel elle a posé le pied a interrompu le cours de sa vie. J'ai perdu Eurydice.

« J'ai essayé de supporter sa perte, je n'ai pas pu : l'Amour m'a vaincu. L'Amour est un dieu bien connu là-haut sur la Terre, mais vous, le connaissez-vous ?... Sans doute... Ne dit-on pas que Pluton a enlevé Proserpine par amour ? C'est donc l'amour qui unit le roi et la reine des Enfers.

« Je vous en prie, au nom de ce lieu plein d'épouvante, au nom de ce vaste chaos, au nom de ce royaume du silence, faites qu'Eurydice me soit rendue et qu'elle achève sur la Terre sa vie jusqu'au bout. Je sais que tout vous est soumis, que nous devons tous aboutir ici, que cette demeure est pour nous la dernière et que c'est vous qui régnez le plus longtemps sur les humains. Quand Eurydice aura vécu son compte d'années, elle obéira à vos lois. Je demande simplement qu'elle vive encore un peu pour moi.

« Si vous me refusez cette grâce[6], je ne retournerai pas sur mes pas : je resterai ici et vous pourrez vous réjouir de notre double mort, à Eurydice et à moi. »

---

1. ***Styx*** : fleuve des Enfers.
2. ***Proserpine*** : fille de Déméter, enlevée du monde des vivants par Pluton pour devenir son épouse.
3. ***Préluda*** : joua une introduction.
4. ***Lyre*** : instrument à cordes, ancêtre de la guitare.
5. ***Cerbère*** : voir p. 32.
6. ***Grâce*** : faveur.

Le chant d'Orphée était si touchant, le son de sa lyre si beau qu'autour de lui pleuraient les Ombres pâles.

Les supplices des criminels, qui expiaient leurs fautes [1] dans les Enfers, s'interrompirent.

Quant à Pluton et à sa royale épouse, ils n'eurent pas le cœur de s'opposer à la demande du poète. Ils appelèrent Eurydice.

Elle se trouvait parmi les Ombres qui venaient d'arriver en ces lieux. Elle s'avança lentement, gênée par sa blessure au pied. Orphée eut l'autorisation de la ramener sur la Terre, à condition de ne pas la regarder, tant qu'il ne serait pas sorti des vallées infernales. S'il le faisait, il la perdrait.

Les deux époux montèrent en silence, par un sentier escarpé, dans le brouillard et dans l'obscurité. Ils étaient sur le point de quitter les Enfers et de fouler enfin la Terre quand Orphée, impatient de voir celle qu'il aimait, craignant qu'elle ne lui échappât, tourna vers elle des yeux pleins d'amour.

Aussitôt Eurydice recule, comme tirée en arrière. Elle tend les bras à son époux, elle essaie de se retenir à lui, de le toucher encore. Elle ne touche que l'air impalpable [2]. Elle ne se plaint pas – de quoi pourrait-elle se plaindre ? d'être trop aimée ? –, mais elle tente de lui dire adieu et ses paroles parviennent à peine à l'oreille du poète. Puis elle retombe dans l'abîme [3] d'où elle était sortie.

Ovide, *Métamorphoses*, livre X, adaptation Françoise Rachmühl, Flammarion-Castor Poche, 2003.

---

**1.** ***Expiaient leurs fautes*** : payaient leurs fautes par des châtiments.
**2.** ***Impalpable*** : qu'on ne peut toucher.
**3.** ***Abîme*** : précipice immense.

# 2. Le Moyen Âge et l'héroïsme des chevaliers

Au Moyen Âge, la figure du héros se métamorphose et se trouve associée à celle du chevalier. Ce changement s'explique tout d'abord par un contexte religieux et culturel nouveau : la religion chrétienne remplace en effet le panthéon des dieux et des demi-dieux antiques, héros par excellence de l'Antiquité gréco-romaine. Même si certains textes épiques médiévaux reprennent la matière des épopées antiques (en particulier les textes relevant de la matière de Rome, voir ci-après), le héros médiéval se fait un devoir d'accomplir la volonté de Dieu. Son parcours est donc lié aux idéaux portés par la religion chrétienne : ainsi, il lutte contre les ennemis de l'Église ou se soumet à une ascèse[1] qui, seule, lui permet de conquérir la dame qu'il convoite et de connaître l'amour véritable.

Dans ce contexte, on comprend que l'héroïsme trouve une de ses représentations privilégiées dans le personnage du chevalier en guerre contre les Sarrasins – c'est là le nom donné au Moyen Âge aux divers peuples musulmans. L'aventure, par excellence, devient la quête du Graal, un objet mystérieux qui aurait servi à recueillir le sang du Christ.

On identifie trois sources principales d'inspiration dans les récits héroïques médiévaux :

**1. La matière de Rome** : on y trouve des récits puisés dans la mythologie et l'histoire gréco-romaine, comme dans le *Roman de Troie*

---

1. ***Ascèse*** : discipline à laquelle on se soumet pour tendre à la perfection morale et spirituelle.

(ci-dessous). Cependant, même s'ils s'inspirent de textes antiques et de leurs commentaires faits dans les siècles suivants par des lecteurs érudits, ces textes se caractérisent par de nombreux anachronismes : les guerriers antiques y sont décrits comme des chevaliers médiévaux. En effet, les auteurs entendent adapter la matière antique pour la rendre plus aisément compréhensible de leurs contemporains.

**2. La matière de Bretagne** : il s'agit de toutes les histoires autour de Merlin, du roi Arthur et de la Table ronde (p. 65). Partant de légendes celtiques construites à partir du VIe siècle, ces récits sont peu à peu christianisés pour faire des chevaliers des défenseurs de la foi chrétienne. Chrétien de Troyes (v. 1030-1190) est un des principaux écrivains représentant ce courant.

**3. La matière de France** : malgré son nom, c'est la plus négligée de nos jours. Elle renvoie aux récits écrits autour de la personnalité de Charlemagne (742-814). Elle apparaît par exemple dans *La Chanson de Roland* (p. 87). Là non plus, l'histoire n'est pas respectée. La bataille de Roncevaux y est racontée comme une croisade alors que ces dernières n'auront lieu que plusieurs siècles plus tard.

## Benoît de Sainte-Maure, *Le Roman de Troie* (v. 1160-1170)

Penthésilée, la reine des Amazones, a décidé de venir en aide aux Troyens. Voici une description de son royaume, le royaume de Féminie : ici, Benoît de Sainte-Maure reprend la description des Amazones à laquelle des auteurs tels que Tite-Live s'étaient essayés dans l'Antiquité (voir p. 46). Ce faisant, il donne à voir de fascinants personnages d'héroïnes guerrières.

### Penthésilée et les Amazones

Les traités et les grands livres d'histoire nous disent que c'est en Orient que se trouve l'Amazonie, un vaste royaume. [...]

Cette terre est entièrement peuplée de femmes et jamais un être du sexe masculin ne pénétrera sur toute son étendue. À ce que disent nos auteurs, à proximité du royaume il y a une île assez grande. [...] Lorsque revient le printemps, les Amazones s'y rendent. Elles revêtent de belles et riches parures. Leurs vêtements somptueux, faits en soie tissée de fils d'or, leur donnent noble allure. Du début du mois d'avril jusques à la fin de juin, elles séjournent dans l'île et y vivent dans la joie. Les hommes des terres d'alentour viennent les voir ; telle est leur coutume. Elles ne passent pas plus de trois mois dans cette île où elles font le meilleur accueil aux hommes. Alors elles sont fécondées et conçoivent. Les plus belles d'entre elles et les plus estimées ne s'unissent qu'aux hommes qui sont les plus valeureux, les plus renommés et les plus estimés : ainsi leur valeur s'accorde à la valeur. [...] Parmi ces femmes, il y en a un grand nombre qui ne connaîtront jamais d'homme et resteront vierges. Celles-ci sont vouées aux armes et ce sont des guerrières pleines de vaillance, d'audace et d'ardeur au combat.

Leur réputation est grande en tous lieux. À plusieurs reprises elles sont sorties de leur pays : c'est pour conquérir la gloire qu'elles se battent.

[Voici maintenant la façon dont sont décrites la reine et ses guerrières :]

À l'époque où se déroulait le grand siège de Troie, la reine de l'Amazonie était Penthésilée. Elle était vaillante et audacieuse, belle et sage, de grande valeur, de haute noblesse, très estimée et très respectée. Sa renommée était immense. Parce qu'elle voulait voir Hector[1] et parce qu'elle voulait se couvrir de gloire, elle sortit de son royaume pour lui apporter son aide. Son équipement était somptueux et la troupe qu'elle conduisait était considérable, composée de fières et redoutables guerrières pleines

1. ***Hector*** : prince troyen.

d'audace. Il y avait là mille jeunes filles endurcies aux combats, résistantes, braves et fort bien armées, montées sur de bons chevaux arabes. Leurs équipements étaient magnifiques…

[Arrivée à Troie, Penthésilée apprend de la bouche du roi Priam qu'Hector est mort, tué par Achille [1]. Triste, elle jure de venger le héros et se lance dans la bataille. Benoît de Sainte-Maure fait ainsi le portrait de l'*egregia bellatrix* (« la remarquable guerrière ») dans toute sa splendeur :]

Penthésilée revêtit un haubert [2] plus blanc que la neige sur la terre gelée. Personne, je le sais, ne put jamais voir guerrier si bien armé. Deux jeunes filles de grande renommée et très aimées de leur maîtresse lui ont mis son heaume [3]. Il était vraiment magnifique et de très grand prix, car le cercle et le nasal en étaient entièrement incrustés de pierres précieuses. Jamais roi ni prince n'en eut de si riche. Pleine de fureur et de ressentiment, la reine est promptement montée sur un cheval d'Espagne à la robe baie [4], plus grand, plus fort, plus robuste et plus rapide que tout autre. Il était entièrement couvert d'une housse de soie blanche dont l'éclat surpassait celui du lis. On y fixa cent clochettes au son clair, plutôt petites, tout en or. Sans plus attendre, Penthésilée a ceint [5] son épée d'acier avec laquelle elle va tout aussitôt frapper de rudes coups.

Son écu [6] – un écu solide, plus blanc que la neige, avec une boucle d'or pur et tout entier bordé de pierres précieuses, de beaux rubis brillant de tous leurs feux et d'émeraudes d'un vert

1. ***Achille*** : voir note 2, p. 37.
2. ***Haubert*** : tunique de mailles d'un chevalier.
3. ***Heaume*** : casque des chevaliers, protégeant toute la tête.
4. ***À la robe baie*** : dont la robe est fauve, les crins et les extrémités étant noirs.
5. ***Ceint*** : voir note 4, p. 50.
6. ***Écu*** : bouclier.

étincelant –, elle l'a pris par la courroie d'orfroi [1] et l'a bien serré contre son cou. Une jeune fille lui a tendu une lance en bois de frêne au fer d'acier tranchant où était fixée une belle enseigne tout neuve…

Benoît de Sainte-Maure, *Le Roman de Troie*,
éd. E. Baumgartner, F. Vieilliard,
© Le Livre de Poche, coll. « Lettres gothiques », 1998.

## Robert de Boron, *Le Roman de Merlin* (fin du XIIe-début du XIIIe siècle)

Un soir de Noël, au sortir de la messe de minuit, religieux et fidèles trouvent sur le parvis d'une église de Londres un bloc de marbre dans lequel est fichée une épée, Excalibur : l'inscription qu'elle porte indique que celui à qui elle est destinée, qui aura la force de la retirer de son socle, sera le roi du pays. Beaucoup tentent l'épreuve sans la réussir. Par le plus grand des hasards, le jeune Arthur se retrouve à mettre la main sur la fameuse épée. Jusqu'alors, on le croyait fils du seigneur Antor et frère de Keu ; on découvre qu'il est en réalité le fils de l'ancien roi Uther.

### Arthur et Excalibur

L'épée resta là jusqu'au jour de la Circoncision [2]. À cette date les barons [3] assistèrent à la messe et l'archevêque fit un sermon sur leurs devoirs à l'égard de l'Église.

« Je vous avais bien avertis, ajouta-t-il, que n'importe qui pouvait venir, même du bout du monde, pour essayer d'enlever

1. ***Orfroi*** : étoffe tissée d'or.
2. ***Le jour de la Circoncision*** : fête de la Présentation de Jésus-Christ au Temple de Jérusalem.
3. ***Barons*** : grands seigneurs relevant directement du roi.

l'épée : seul l'ôtera celui que Notre Seigneur désignera pour être le seigneur et le protecteur de ce peuple. »

Ils déclarèrent qu'ils ne quitteraient pas la ville avant de voir à qui Notre Seigneur accorderait cette grâce. Après la messe, chacun de son côté alla manger à son logis. À la sortie de table, suivant l'usage du temps, les chevaliers se rendirent hors de la ville dans un champ pour jouter à la lance[1]. Beaucoup de citadins allèrent voir la joute, ainsi que quelques-uns des dix gardiens de l'épée. Lorsque les jouteurs se furent longuement livrés à leurs jeux, ils remirent leurs écus[2] à leurs valets d'armes. Les assauts recommencèrent de plus belle pour finir en une mêlée générale qui attira tous les gens de la ville, avec ou sans armes.

Keu, qui avait été fait chevalier[3] à la Toussaint, appela son frère :

« Va me chercher, lui dit-il, une épée à la maison.

– Bien volontiers », répondit Arthur, qui était serviable et dévoué.

Il piqua des deux[4] jusqu'à leur logis, chercha partout l'épée de son frère, ou une autre, mais il n'en trouva point : la maîtresse du logis les avait remisées[5] dans sa chambre et était allée voir la joute comme tout le monde. N'ayant rien trouvé, Arthur s'en revenait en larmes. En passant devant l'église, sur la place où était le bloc de pierre, il vit l'épée. Il eut l'idée de la porter à son frère, s'il pouvait la prendre. Il s'approcha sans même descendre de cheval, la saisit par la poignée et l'emporta dissimulée sous un pan de sa tunique. Le voyant revenir, son frère, qui l'attendait

1. La joute est, au Moyen Âge, un combat sportif entre deux cavaliers.

2. ***Écus*** : voir note 6, p. 64.

3. ***Fait chevalier*** : on devient chevalier au cours d'une cérémonie, l'adoubement ; celui qui appartient à l'ordre de la chevalerie possède un cheval et une épée.

4. ***Piquer des deux*** : partir au galop. L'expression est un raccourci pour « piquer des deux éperons ».

5. ***Les avait remisées*** : les avait rangées.

hors de la mêlée, alla à sa rencontre et lui demanda son épée. Arthur répondit qu'il ne l'avait pas trouvée, mais qu'il lui en apportait une autre, qu'il tira de dessous sa tunique. Comme Keu lui demandait où il l'avait prise, Arthur lui dit que c'était celle du bloc de pierre. Keu s'en empara, la cacha sous le pan de sa tunique et se mit à la recherche de son père.

« Seigneur, lui dit-il après l'avoir enfin trouvé, je serai roi : voici l'épée du bloc de pierre. »

Très surpris, son père lui demanda comment il l'avait eue et Keu lui répondit qu'il l'avait retirée de la pierre. Antor ne voulut pas le croire et le traita de menteur. Tous deux se dirigèrent vers l'église, suivis d'Arthur.

« Keu, mon cher fils, dit Antor quand ils furent arrivés devant le bloc de pierre, ne mens pas ! Dis-moi comment tu as eu cette épée ; si tu mens, je finirai par le savoir et je ne t'aimerai plus jamais.

– Seigneur, répondit-il, la honte au visage, voici la vérité : c'est Arthur, mon frère, qui me l'a apportée quand je lui ai demandé la mienne. J'ignore comment il l'a eue.

– Donne-la-moi, cher fils, tu n'as aucun droit sur elle, si tu ne te soumets pas à l'épreuve. »

Il la lui tend et quand Antor l'a en main, il se retourne vers Arthur qui les suivait.

« Cher fils, approche, dit Antor, et dis-moi comment tu as eu cette épée. »

Arthur le lui raconte alors.

« Reprends l'épée, lui dit son père, et va la remettra là où tu l'as prise. »

Arthur va la remettre dans l'enclume où elle reste fichée comme auparavant. Antor ordonne à Keu de s'y essayer, mais il n'arrive à rien.

« Je savais, dit-il à Keu, que tu n'avais pas enlevé l'épée. Cher seigneur, dit-il à Arthur en le prenant dans ses bras, si je pouvais faire en sorte que vous deveniez roi, quel avantage en aurais-je ?

– Seigneur, si j'ai cet honneur, ou tout autre, c'est à vous qu'il reviendra, puisque vous êtes mon père.

– Je ne suis que votre père nourricier. En vérité, j'ignore qui vous engendra. »

Quand Arthur entendit que celui qu'il considérait comme son père ne le reconnaissait pas pour son fils, il fondit en larmes, accablé de chagrin.

« Seigneur Dieu, quel bien puis-je espérer, puisque je n'ai pas de père ?

– Vous avez un père, lui dit Antor, il faut bien que vous en ayez un ! Mais, en toute bonne foi, je ne sais qui c'est. »

Antor lui raconta alors comment sa femme l'avait allaité en sevrant son propre fils confié à une étrangère.

« Seigneur, ne refusez pas, je vous en supplie, de me considérer comme votre fils. Et si vous pouvez m'aider à obtenir l'honneur dont vous avez parlé, je n'aurai rien à vous refuser.

– Si vous êtes roi, faites seulement de Keu, votre frère, votre sénéchal[1] et, quelles que soient ses fautes envers vous ou les gens de votre terre, qu'il garde ce titre toute sa vie. S'il lui arrive d'être bizarre, malappris[2] ou perfide[3], tolérez-le, puisqu'il a pris ces défauts dans le lait d'une femme de basse condition[4] et que c'est pour que vous soyez nourri comme il se devait qu'il a perdu sa véritable nature. Soyez indulgent et accordez-lui la faveur que je vous demande.

– De très grand cœur », répondit Arthur.

Il mena Arthur à l'autel où il fit le serment solennel de tenir cette promesse : puis ils revinrent devant l'église. Antor appela ses amis et ses parents.

1. ***Sénéchal*** : officier au service d'un roi, remplissant des fonctions d'intendance et d'administration à la cour.

2. ***Malappris*** : malhonnête, grossier.

3. ***Perfide*** : déloyal.

4. On croyait en effet que le lait qui alimentait le nourrisson lui donnait ses qualités ou ses défauts futurs.

« Seigneur, dit-il à l'archevêque, voici un de mes enfants qui n'est pas chevalier, il me supplie de le laisser tenter l'épreuve de l'épée. Appelez quelques-uns des barons ici présents. »

Ils se rassemblèrent autour du bloc de pierre [...].

L'archevêque invita Arthur à prêter serment et à jurer devant Dieu, sainte Marie et tous les saints et saintes, de protéger et de soutenir la sainte Église, de faire régner la paix sur la terre, d'assister de ses conseils les gens désemparés, de secourir les malheureux, de ramener dans le droit chemin les femmes égarées, de faire respecter le droit et la parole donnée, de rendre une stricte justice.

« Aussi vrai, dit Arthur, que Dieu est le maître de toutes choses, qu'il me donne la force et le pouvoir d'agir selon ce que je viens d'entendre, c'est mon plus ardent désir. »

Il se mit à genoux, saisit l'épée de ses mains jointes et l'arracha à l'enclume, comme si elle n'y était pas fixée.

On l'amena, tenant toute droite l'épée dans ses mains, jusqu'à l'autel où il la déposa. Après quoi, il fut sacré et reçut l'onction[1] suivant le rituel d'un couronnement royal. Après le sacre, à la fin de la messe, ils sortirent de l'église et ne surent ce que le bloc de pierre était devenu.

C'est ainsi qu'Arthur fut élu et devint roi du royaume de Logres où il fit régner la paix.

Robert de Boron, *Le Roman de Merlin*, éd. Jean-Pierre Tusseau,
Flammarion, coll. « Étonnants Classiques »,
trad. adaptée d'Alexandre Micha, 2014, p. 114-122.

## Chrétien de Troyes, *Perceval ou le Conte du Graal* (v. 1180-1190)

Dans *Perceval ou le Conte du Graal*, qu'il a laissé inachevé, Chrétien de Troyes (XII^e^ siècle) raconte comment un jeune homme, élevé par

1. ***Onction*** : application de l'huile sainte.

sa mère à l'écart du monde, devient l'un des meilleurs chevaliers du roi Arthur et part en quête du Graal. Alors qu'il vient d'être fait chevalier par Arthur, Perceval, ignorant les usages chevaleresques, est confié à Gornemant de Gort, un vieux chevalier chargé de son éducation.

## L'éducation de Perceval

Le gentilhomme, par trois fois, monta à cheval et, par trois fois, il lui enseigna, en fait d'armes, tout ce qu'il pouvait lui apprendre, jusqu'à ce que sa leçon fût complète. Par trois fois, il le fit monter à cheval. À la troisième reprise, il lui dit :

« Ami, si vous rencontriez un chevalier, que feriez-vous, s'il vous frappait ?

– Je le frapperais à mon tour.

– Et si votre lance se brisait ?

– Alors, il n'y aurait rien d'autre à faire qu'à me précipiter sur lui en me servant de mes poings.

– Non, ami, ce n'est pas ce que vous ferez.

– Que ferai-je donc ?

– C'est à coups d'épée que vous irez l'attaquer. »

Le gentilhomme planta alors en terre devant lui sa lance toute droite : il désirait tellement lui apprendre à manier les armes pour qu'il sût bien se défendre à l'épée si on le provoquait, ou attaquer à l'occasion. Ensuite, il lui mit l'épée en main :

« Ami, c'est de cette manière que vous vous défendrez si on vous assaille.

– Sur ce point, répondit-il, Dieu me protège ! personne n'en sait autant que moi, car avec les mannequins et les boucliers je me suis beaucoup exercé chez ma mère au point d'en être souvent épuisé.

– Allons donc maintenant à la maison, dit le gentilhomme, il n'y a rien d'autre à faire, et peu importent les mécontents, vous serez noblement hébergé cette nuit. »

Ils s'en allèrent tous deux côte à côte, et le jeune homme dit à son hôte :

« Sire, ma mère m'a appris à n'aller jamais avec quelqu'un, et à ne pas rester longtemps en sa compagnie sans savoir son nom : c'est ce qu'elle m'a appris. Je veux savoir votre nom.

– Mon cher ami, dit le gentilhomme, mon nom est Gornemant de Gort. » [...]

Le gentilhomme se baissa et lui chaussa l'éperon[1] droit. C'était alors la coutume que celui qui faisait un chevalier devait lui chausser l'éperon. Il y avait beaucoup d'autres jeunes gens dont chacun, quand il le pouvait, prêta la main pour l'armer. Le gentilhomme prit l'épée ; il la lui ceignit[2] et lui donna l'accolade[3] en lui disant qu'il lui avait conféré avec l'épée l'ordre le plus élevé que Dieu eût créé et établi : c'est l'ordre de chevalerie qui n'admet pas de bassesse[4].

« Cher frère, ajouta-t-il, souvenez-vous-en, s'il arrive qu'il vous faille combattre contre un chevalier, voici ce que je veux vous dire et vous prier de faire : si vous avez le dessus si bien qu'il ne puisse plus se défendre contre vous ni vous résister, et qu'il lui faille demander grâce, ne le tuez pas sciemment[5]. Gardez-vous aussi d'être trop bavard et de trop colporter les bruits[6]. Personne ne peut être bavard sans dire souvent une parole qu'on lui impute à bassesse[7]. Le sage le dit et l'enseigne : “À trop parler péché on fait.” C'est pourquoi, cher frère, je vous interdis de trop parler,

---

1. ***Éperon*** : pièce de métal aux bords piquants, fixée au talon du cavalier et grâce à laquelle il pique son cheval pour augmenter son allure.
2. ***Ceignit*** : attacha à la ceinture.
3. ***Accolade*** : coup donné avec le plat de l'épée sur l'épaule ; ce geste accompagne la cérémonie de l'adoubement par laquelle un jeune homme est armé chevalier.
4. ***Bassesse*** : absence de dignité, de noblesse.
5. ***Sciemment*** : volontairement.
6. ***Bruits*** : rumeurs.
7. ***Qu'on lui impute à bassesse*** : qu'on mette sur le compte de la bassesse.

et je vous fais aussi cette prière ; si vous trouvez un homme ou une femme, demoiselle ou dame, qui soient dans l'embarras, aidez-les, vous ferez une bonne action, si vous savez le faire et si vous le pouvez. Voici une autre chose que je vous commande, ne la traitez pas par le dédain [1], car elle n'est pas à dédaigner : allez volontiers à l'église prier Celui qui a tout créé d'avoir pitié de votre âme et de vous garder en ce monde terrestre comme son fidèle chrétien. »

Le jeune homme lui répondit :

« De tous les apôtres de Rome soyez béni [2], cher seigneur, car ce sont les paroles mêmes de ma mère. »

Chrétien de Troyes, *Perceval ou le Conte du Graal*,
trad. Jean Dufournet, éd. Hervé-François Fournier,
Flammarion, coll. « Étonnants Classiques », 2013, p. 55-58.

## Chrétien de Troyes, *Yvain ou le Chevalier au lion* (v. 1176)

Le groupe des chevaliers de la Table ronde, comme celui des guerriers grecs de l'*Iliade*, n'est pas exempt de mauvais sujets. Dans cet extrait d'*Yvain ou le Chevalier au lion*, de Chrétien de Troyes, c'est Keu, sénéchal [3] d'Arthur, qui tient ce rôle. Il est fréquemment présenté comme désagréable, moqueur et piètre chevalier. Bien souvent, on ne le supporte que parce qu'il est le frère de lait [4] du roi.

1. ***Par le dédain*** : avec mépris.
2. ***De tous les apôtres de Rome soyez béni*** : soyez béni par tous les apôtres de Rome. Perceval invoque ici la bénédiction des disciples choisis par Jésus-Christ pour être ses compagnons et annoncer publiquement la parole de Dieu.
3. ***Sénéchal*** : voir note 1, p. 68.
4. ***Frère de lait*** : c'est-à-dire qu'il a été nourri du même lait (par la même femme).

Ici, il ne peut s'empêcher de se moquer d'un autre chevalier qui s'est montré trop empressé auprès de la reine. À bien des égards, il est une sorte de contre-modèle du chevalier vertueux, dont Yvain et Gauvain sont des incarnations.

## Les vertus du chevalier

### 1. Keu, le contre-modèle

À la porte de la chambre, à l'extérieur, se trouvaient Dodinet, Sagremor, Keu et monseigneur Gauvain ainsi que monseigneur Yvain[1] ; Calogrenant était avec eux, un chevalier d'une grande amabilité qui s'est mis à leur faire un conte qui ne tournait pas à son honneur mais à sa honte.

Tandis qu'il racontait son histoire, voici que la reine l'écoutait ; quittant le roi elle se leva et elle arriva sans bruit, si bien qu'avant qu'on l'ait aperçue, elle était assise au milieu d'eux ; seul Calogrenant sauta sur ses pieds et se leva devant elle. Keu qui aimait la raillerie, et les propos méchants, acerbes[2] et venimeux, lui dit :

« Par Dieu, Calogrenant, je vous vois bien vaillant et agile ; il n'est pas douteux, et je m'en réjouis, que vous soyez le plus courtois d'entre nous ; c'est là, j'en suis sûr, ce que vous vous imaginez tant vous manquez de jugement. Il est normal que ma dame croie que vous êtes plus courtois et plus vaillant que nous tous : c'est par paresse, sans doute, que nous ne nous sommes pas levés, ou bien par négligence. Par Dieu, monsieur, ce n'est rien de tout cela : quand vous vous êtes levé, nous n'avions pas encore vu ma dame.

– Certes, Keu, fait la reine, vous en crèveriez, je crois bien, si vous ne pouviez épancher[3] le venin dont vous êtes plein. Vous êtes odieux et grossier de chercher querelle à vos compagnons.

---

**1.** ***Dodinet***, ***Sagremor***, ***Keu***, ***Gauvain***, ***Yvain*** sont des chevaliers de la Table ronde.

**2.** ***Acerbes*** : critiques, blessants.

**3.** ***Épancher*** : répandre.

– Dame, si votre compagnie ne nous profite pas, fait Keu, veillez à ce qu'elle ne nous nuise pas non plus. Je ne crois pas avoir rien dit qui puisse m'être reproché ; s'il vous plaît, n'en parlez plus : c'est manquer de courtoisie et de jugement que de prolonger une discussion sur des sottises. Cette discussion doit s'arrêter là, inutile de lui accorder plus d'importance. Faites-lui plutôt continuer le récit qu'il avait commencé, car ce n'est pas le moment de se quereller. »

À ces mots, Calogrenant intervint pour répondre :

« Seigneur, fit-il, cette querelle ne m'inquiète guère. Elle ne m'intéresse pas et j'en fais peu de cas. Si vous m'avez offensé, ce sera sans dommage pour moi : à de plus valeureux et de plus avisés que moi, monseigneur Keu, vous avez souvent tenu des propos odieux, car vous en êtes coutumier [1]. Impossible d'empêcher le fumier de puer, le taon de piquer, le bourdon de bourdonner, et le méchant de se rendre odieux et de nuire. Je ne raconterai rien de plus aujourd'hui si ma dame n'insiste pas, et je la prie de n'en plus parler et de ne pas m'imposer une chose qui me déplaît, si elle veut bien me faire cette grâce.

– Dame, tous ceux qui sont ici, fait Keu, vous seront reconnaissants car ils ont envie de l'écouter ; n'en faites rien pour moi, mais, par la foi que vous devez au roi, votre seigneur et le mien, demandez-lui de poursuivre, et vous ferez bien.

– Calogrenant, dit la reine, ne vous souciez pas des saillies [2] de monseigneur Keu le sénéchal ; il est coutumier de dire du mal, impossible de l'en corriger. Je vous demande, c'est une prière et un ordre, de ne pas en garder de ressentiment et de ne pas refuser, à cause de lui, de nous raconter une histoire plaisante à entendre si vous voulez être encore mon ami ; reprenez donc depuis le début. »

---

1. ***Vous en êtes coutumier*** : vous avez l'habitude de tenir de tels propos.
2. ***Saillies*** : remarques, interventions piquantes.

[Yvain est un chevalier modèle. Il entreprend sa quête de façon solitaire mais reçoit bientôt une aide inattendue : sur sa route, il rencontre un lion qui deviendra son compagnon et qui l'aidera à vaincre démons et géants. Pour cette raison, il sera surnommé le « chevalier au lion ».]

## 2. Comment Yvain, par son courage, gagne la protection du lion

Monseigneur Yvain cheminait, absorbé dans ses pensées, dans une forêt profonde, lorsqu'il entendit, au cœur du bois, un cri de douleur perçant. Il se dirigea alors vers l'endroit d'où venait le cri, et quand il y fut parvenu, il vit, dans une clairière, un lion aux prises avec un serpent qui le tenait par la queue et qui lui brûlait les flancs d'une flamme ardente. Monseigneur Yvain ne s'attarda guère à regarder ce spectacle extraordinaire. En son for intérieur [1] il se demanda lequel des deux il aiderait, et décida de se porter au secours du lion, car on ne peut que chercher à nuire à un être venimeux et perfide [2]. Or le serpent est venimeux, et sa bouche lance des flammes tant il est plein de malignité [3]. C'est pourquoi monseigneur Yvain décida de s'attaquer à lui en premier et de le tuer.

Il tire son épée et s'avance, l'écu [4] devant son visage pour se protéger des flammes qu'il rejetait par la gueule, une gueule plus large qu'une marmite. Si ensuite le lion l'attaque, il ne se dérobera pas. Mais quelles qu'en soient les conséquences ; il veut d'abord lui venir en aide. Il y est engagé par Pitié qui le prie de porter secours à la noble bête. Avec son épée affilée [5] il se porte

1. ***En son for intérieur*** : en lui-même.
2. ***Perfide*** : voir note 3, p. 68.
3. ***Malignité*** : méchanceté.
4. ***Écu*** : voir note 6, p. 64.
5. ***Affilée*** : aiguisée.

à l'attaque du serpent maléfique ; il le tranche jusqu'en terre et le coupe en deux moitiés. Il frappe tant et plus, et s'acharne tellement qu'il le découpe et le met en pièces. Mais il fut obligé de couper un bout de la queue du lion parce que la tête du serpent perfide y était accrochée. Il en trancha donc ce qu'il fallut : il lui était impossible d'en prendre moins.

Quand il eut délivré le lion, il pensa qu'il viendrait l'assaillir et qu'il allait devoir le combattre. Mais ce ne fut pas dans les intentions de l'animal. Écoutez ce que fit alors le lion, comme il se conduisit avec noblesse et générosité. Il commença par montrer qu'il se rendait à lui, il tendait vers lui ses pattes jointes, et inclinait à terre son visage. Il se dressait sur ses pattes arrière, et s'agenouillait ensuite, tout en baignant humblement sa face de larmes. Monseigneur Yvain n'eut pas de doute et comprit que le lion lui manifestait sa reconnaissance et s'humiliait devant lui pour le remercier d'avoir tué le serpent et de l'avoir sauvé de la mort.

Cette aventure lui fait grand plaisir. Il essuie son épée souillée par le venin répugnant du serpent et la remet au fourreau [1] avant de reprendre son chemin. Voici que le lion marche à ses côtés. Jamais plus il ne le quittera, désormais il l'accompagnera partout, car il veut le servir et le protéger.

[Neveu du roi Arthur, Gauvain est l'un des chevaliers de la Table ronde les plus importants. Modèle de courtoisie, il est renommé pour son caractère mesuré et sa force. Gauvain est aussi associé au soleil, tant il éblouit par sa bravoure, comme on peut le lire dans cet épisode relatant l'arrivée du roi Arthur dans la demeure d'Yvain, au cours duquel Gauvain rencontre une jeune fille, Lunete.]

---

1. ***Fourreau*** : voir note 1, p. 52.

### 3. Gauvain solaire

Je pourrais raconter longuement quelle fête ce fut, si je ne risquais d'y gaspiller mes paroles ; je ferai seulement brièvement mention de la rencontre qui se fit dans l'intimité entre la lune et le soleil. Savez-vous de qui je veux parler ? Celui qui était le modèle des chevaliers, et qui entre tous était le plus renommé, mérite bien d'être appelé le soleil. Par là je désigne monseigneur Gauvain, car il fait briller la chevalerie à la façon dont le soleil au matin déploie ses rayons et emplit de clarté tous les lieux où il se répand. Elle, je la compare à la lune, car il n'en peut être qu'une, éminente par sa sagesse et sa courtoisie ; néanmoins je ne le dis pas seulement pour l'excellence de sa renommée, mais aussi parce qu'elle s'appelait Lunete[1].

Chrétien de Troyes, *Yvain ou le Chevalier au lion*,
trad. adaptée de Michel Rousse, éd. Marie-Louise Astre,
Flammarion, coll. « Étonnants Classiques », 2006,
rééd. 2014, p. 20-21, 83-84 et 155-156.

## Chrétien de Troyes, *Lancelot ou le Chevalier de la charrette* (v. 1180)

Le héros médiéval suit un parcours que l'on peut qualifier d'initiatique : orientées par une quête, les aventures dans lesquelles il se lance sont autant d'étapes qui éprouvent sa bravoure et sa détermination.

Dans *Lancelot ou le Chevalier de la charrette*, Keu relève le défi que Méléagant, prince étranger, est venu lancer au roi Arthur. L'appel de l'aventure est plus fort que la crainte du danger…

1. ***Lunete*** : ce nom peut signifier « petite lune ».

## Le chevalier et l'aventure

### 1. Keu relève le défi de Méléagant (ou l'appel de l'aventure)

Lors d'une Ascension [1] le roi Arthur était venu à Carlion [2] et avait tenu en son château de Camaalot [3] une brillante cour plénière [4] aussi somptueuse qu'il convenait à un roi. Après le festin le roi était resté parmi ses compagnons. Il y avait dans la salle une grande assemblée de barons [5] à laquelle s'étaient jointes la reine et, me semble-t-il, maintes [6] belles et courtoises dames parlant le français avec élégance. Quant à Keu, qui avait dirigé le service de table, il mangeait avec les officiers de bouche [7]. Alors que Keu était encore assis à table, voici qu'arriva à la cour un chevalier superbement équipé et armé de pied en cap [8]. Ledit chevalier s'avança en cet équipage [9] jusque devant le roi assis au milieu de ses barons. Sans le saluer, il lui adressa la parole en ces termes : « Roi Arthur, je détiens dans mes prisons plus d'un chevalier, d'une dame et d'une pucelle [10] de ton royaume et de ta maison ; mais je ne te parle pas d'eux dans l'idée de te les rendre : au contraire je tiens à te faire savoir que tu n'as ni la puissance ni la richesse qui te permettraient de les libérer. Et sache bien

---

1. ***Ascension*** : dans la religion catholique, fête qui célèbre l'élévation miraculeuse de Jésus-Christ dans le ciel, quarante jours après sa résurrection.
2. ***Carlion*** : une des villes où réside Arthur.
3. ***Camaalot*** : résidence mythique du roi Arthur.
4. ***Cour plénière*** : cour où siègent tous les membres qui la composent.
5. ***Barons*** : voir note 3, p. 65.
6. ***Maintes*** : un grand nombre de.
7. ***Officiers de bouche*** : on désignait ainsi ceux qui étaient chargés du service de la table.
8. ***De pied en cap*** : des pieds à la tête (du latin *pes*, *pedis*, « pied », et *caput*, *capitis*, « tête »).
9. ***Équipage*** : ici, ensemble des vêtements et objets nécessaires pour combattre.
10. ***Pucelle*** : jeune fille.

qu'il en sera ainsi jusqu'à ta mort car jamais tu ne pourras les secourir. » Le roi répondit qu'il lui fallait bien supporter ce malheur s'il ne pouvait y porter remède mais que cela le tourmentait vivement. Alors le chevalier fit mine de vouloir partir ; il fit demi-tour et, sans s'attarder davantage auprès du roi, il regagna la porte de la salle mais il n'en redescendit pas le perron ; il s'arrêta et, de là, lança au roi : « Roi, s'il y a en ta cour un chevalier, ne serait-ce qu'un seul, en qui tu aies totale confiance au point d'oser lui confier la reine pour la conduire après moi dans ce bois où je me rends, je l'y attendrai et te fais le serment solennel[1] de te rendre tous les captifs emprisonnés sur mes terres s'il peut la conquérir sur moi de haute lutte et parvenir à la ramener. » Nombreux furent ceux du palais qui entendirent ces propos qui déchaînèrent un grand tumulte parmi la cour. La nouvelle en parvint aux oreilles de Keu qui déjeunait avec les officiers de bouche ; il interrompit son repas, se précipita vers le roi [...] :

« Sire, fit Keu, sachez donc ce que je veux et quel est le don[2] que vous m'avez accordé. Quand je l'aurai, je serai un homme comblé grâce à vous. Vous venez de remettre entre mes mains la sauvegarde[3] de la reine ici présente et nous allons rejoindre le chevalier qui nous attend dans la forêt. »

Le roi en fut fort attristé et pourtant il confirma officiellement à Keu la mission réclamée car jamais il n'était revenu sur sa parole. Mais il en fut agacé et chagriné et cela se vit sur son visage. La reine aussi en fut fort affectée et tous, dans le palais, déclarèrent que Keu avait agi par orgueil, outrecuidance[4] et totale déraison. Alors le roi prit la reine par la main et lui dit :

« Dame, il n'est pas possible de s'y opposer, il vous faut partir avec Keu. »

---

1. ***Solennel*** : officiel, public.
2. Keu vient d'obliger le roi à lui accorder une faveur : lui permettre de quitter la cour.
3. ***Sauvegarde*** : défense, protection.
4. ***Outrecuidance*** : confiance exagérée dans ses propres forces, orgueil.

Et Keu de s'écrier : « Confiez-la-moi et ne craignez rien, je vous la ramènerai saine et sauve et en parfait état ! »

Le roi la lui confia donc et Keu l'emmena.

[Keu échoue dans son défi et Méléagant, pour prix de sa victoire, enlève la reine Guenièvre. Lancelot, amoureux de celle-ci, entreprend de la délivrer... Quoiqu'il soit le plus fort des chevaliers de la Table ronde, il manifeste des signes de faiblesse lorsqu'il est question de celle qu'il aime : s'étant lancé à sa recherche, il accepte de s'humilier pour la retrouver, accomplissant ainsi l'une des nombreuses épreuves que le chevalier doit surmonter pour arriver au terme de sa quête.]

## 2. Lancelot et l'épreuve de la honte

À cette époque-là, la charrette était utilisée comme le sont de nos jours les piloris[1]. Dans chaque bonne ville où l'on en compte maintenant de grandes quantités, il n'y en avait alors qu'une seule et celle-ci, comme les piloris, était commune aux traîtres, aux meurtriers, aux vaincus des duels judiciaires[2], aux voleurs qui avaient dépouillé autrui en chapardant[3] ou en attaquant sur les grands chemins. Celui qui était pris sur le fait était hissé sur la charrette et promené par toutes les rues de la ville. Il était déshonoré et, dans toutes les cours, on refusait dès lors de lui prêter attention et de lui faire bon accueil. C'est la raison pour laquelle, à cette époque, les charrettes avaient une aussi sinistre réputation et c'est de là que vient ce dicton : « Si tu croises une charrette, fais le signe de la croix et pense à Dieu pour qu'il ne t'arrive pas malheur. »

---

**1.** Un ***pilori*** est un dispositif, souvent un poteau, auquel on attache temporairement un condamné pour l'exposer à la vue de tous.

**2.** ***Duels judiciaires*** : combats admis comme preuves juridiques.

**3.** ***En chapardant*** : en volant.

Le chevalier, qui cheminait à pied, sans lance, s'avança vers la charrette et avisant un nain, assis sur les limons [1], qui, comme les charretiers, tenait en sa main une longue verge [2], il l'interpella en ces termes :

« Nain, au nom de Dieu, dis-moi si tu as vu ma dame la reine passer par ici. »

Le nain, un être vil [3] et de la plus basse engeance [4] qui soit, ne voulut pas lui en donner des nouvelles mais il lui rétorqua :

« Si tu veux monter dans la charrette que je conduis, d'ici demain tu pourras savoir ce que la reine est devenue. »

Et il poursuivit son chemin sans plus attendre. Le chevalier a alors une courte hésitation avant de sauter dans la charrette : à peine le temps qu'elle avance de deux pas. C'est pour son malheur qu'il ne bondit pas sur-le-champ et qu'il en a honte car il le regrettera fort ! Mais Raison qui s'oppose à Amour [5] lui ordonne de se retenir de monter ; elle le sermonne et lui enseigne à ne rien faire dont il pourrait avoir honte ou qu'il pourrait se reprocher. Raison, qui ose lui tenir ce discours, n'a pas son siège dans le cœur mais seulement dans la bouche. Alors qu'Amour, lui, qui l'exhorte à [6] sauter rapidement dans la charrette, réside au fond du cœur. Puisque Amour l'ordonne, le chevalier bondit dans la charrette : que lui importe la honte puisque tel est le commandement d'Amour !

Messire Gauvain pique des éperons [7] et se dirige à son tour vers la charrette ; il est fort surpris d'y voir le chevalier assis.

Le moment de surprise passé, il demande au nain :

---

1. ***Limons*** : pièces de bois entre lesquelles on attelle le cheval.
2. ***Verge*** : voir note 1, p. 44.
3. ***Vil*** : qui inspire le mépris, indigne, infâme.
4. ***De la plus basse engeance*** : faisant partie des êtres les plus détestables qui soient.
5. Cet Amour est celui qu'il éprouve pour la reine Guenièvre.
6. ***Exhorte à*** : incite à.
7. ***Éperons*** : voir note 1, p. 71.

« Nain, renseigne-moi au sujet de la reine si toutefois tu en sais quelque chose.

– Si tu te hais autant que ce chevalier qui est assis ici, répond le nain, monte à côté de lui si tu en as envie et je vous conduirai l'un et l'autre. »

Quand messire Gauvain l'entendit parler ainsi, il jugea ses propos insensés et répondit qu'il n'y monterait pas car il ferait un bien trop mauvais change [1] en troquant son cheval contre une charrette. « Mais, ajouta-t-il, va où tu veux et je te suivrai là où tu iras. »

Alors ils se mirent en route, l'un à cheval, les deux autres dans la charrette, et ils poursuivirent leur chemin de compagnie.

Chrétien de Troyes, *Lancelot ou le Chevalier de la charrette*, trad. Jean-Claude Aubailly, éd. Hervé-François Fournier, Flammarion, coll. « Étonnants Classiques », 2012, p. 20-24 et 29-31.

## *Tristan et Iseut* (XIIe siècle)

Comme Lancelot, Tristan aime la femme de son suzerain (dont il est aussi le fils adoptif), Iseut, l'épouse de Marc, roi de Cornouaille. Comme Lancelot, Tristan est un chevalier redoutable. En témoigne son combat contre le géant Morholt : celui-ci vient réclamer au roi Marc, pour le compte du roi d'Irlande, des jeunes gens et des jeunes filles de son royaume – un tribut [2] que l'époux d'Iseut a trop longtemps refusé de livrer.

On peut reconnaître dans cet épisode une récriture du mythe antique du Minotaure, mi-homme mi-taureau, à qui la cité d'Athènes devait donner tous les neuf ans sept jeunes gens et sept jeunes filles dont le monstre se nourrissait. Ici, Tristan, imitant le courage de Thésée, prévient le massacre à temps et tue le monstre.

1. ***Change*** : ici, échange.
2. ***Tribut*** : contribution forcée, imposée au vaincu par le vainqueur.

## La grande épreuve :
## le combat contre le Morholt

Cette année-là, le roi[1] avait envoyé vers Tintagel[2], pour porter son message, un chevalier géant, le Morholt, dont il avait épousé la sœur, et que nul n'avait jamais pu vaincre en duel. Le roi Marc, par lettres scellées[3], avait convoqué à sa cour tous les barons[4] de sa terre, pour leur demander conseil.

Le jour venu, quand les barons furent assemblés dans la salle voûtée du palais et que Marc se fut assis sous le dais[5], le Morholt parla ainsi :

« Roi Marc, écoute pour la dernière fois la demande du roi d'Irlande, mon seigneur. Il t'ordonne de payer enfin le tribut que tu lui dois. Parce que tu l'as trop longtemps refusé, il te demande de me livrer en ce jour trois cents jeunes garçons et trois cents jeunes filles, de l'âge de quinze ans, tirés au sort parmi les familles de Cornouailles. Ma nef[6], ancrée au port de Tintagel, les emportera pour qu'ils deviennent nos serfs[7]. Pourtant – et je n'excepte que toi seul, roi Marc, ainsi qu'il convient –, si quelqu'un parmi tes barons veut prouver dans un duel que le roi d'Irlande prélève ce tribut injustement, j'accepterai son gage[8]. Lequel d'entre vous, seigneurs cornouaillais, veut combattre pour la liberté de ce pays ? »

Les barons se regardaient entre eux à la dérobée, puis baissaient la tête. Celui-ci se disait : « Regarde, malheureux, la taille

---

1. ***Le roi*** : ici le roi d'Irlande.
2. ***Tintagel*** : ville de Cornouailles, à l'extrême sud-est de l'Angleterre, où se situe le royaume du roi Marc.
3. ***Scellées*** : marquées d'un sceau qui permet d'authentifier leur expéditeur.
4. ***Barons*** : voir note 3, p. 65.
5. ***Dais*** : tenture étendue au-dessus d'un trône ou d'un lit.
6. ***Ma nef*** : mon navire.
7. ***Serfs*** : paysans non libres.
8. ***Gage*** : ici, promesse d'un combat.

du Morholt d'Irlande : il est plus fort que quatre hommes robustes. Regarde son épée : ne sais-tu point que, par magie, elle a fait voler la tête des plus hardis[1] champions, depuis toutes ces années où le roi d'Irlande envoie ce géant porter ses défis sur les terres de ses vassaux[2] ? Faible que tu es, veux-tu chercher la mort ? À quoi bon tenter Dieu ? » Cet autre songeait : « Vous ai-je élevés, chers fils, pour devenir des serfs, et vous, chères filles, pour devenir des filles de joie[3] ? Mais ma mort ne vous sauverait pas. » Et tous se taisaient.

Le Morholt dit encore :

« Lequel d'entre vous, seigneurs cornouaillais, veut prendre mon gage ? Je lui offre une belle bataille car, dans trois jours, nous gagnerons sur des barques l'île Saint-Samson, au large de Tintagel. Là, votre chevalier et moi, nous combattrons seul à seul, et la louange d'avoir tenté la bataille rejaillira sur toute sa parenté. »

Ils se taisaient toujours, et le Morholt ressemblait au gerfaut[4] que l'on enferme dans une cage avec de petits oiseaux : quand il y entre, tous deviennent muets.

Le Morholt parla pour la troisième fois :

« Eh bien, beaux seigneurs cornouaillais, puisque ce parti vous semble le plus noble, tirez vos enfants au sort et je les emporterai ! Mais je ne croyais pas que ce pays ne fût habité que par des serfs. »

Alors Tristan s'agenouilla aux pieds du roi Marc, et dit :

« Seigneur roi, accordez-moi la faveur de livrer bataille. »

---

1. ***Hardis*** : audacieux, courageux.

2. ***Vassaux*** (au singulier, *vassal*) : chevaliers soumis à l'autorité d'un chevalier plus puissant, auquel ils ont rendu hommage, et dont ils bénéficient de la protection.

3. ***Filles de joie*** : prostituées. C'est le triste sort qui attend les jeunes filles que le Morholt veut enlever sur l'ordre du roi d'Irlande.

4. ***Gerfaut*** : oiseau de proie.

En vain le roi Marc voulut l'en empêcher. Il était jeune chevalier : de quoi lui servirait sa hardiesse [1] ? Mais Tristan donna son gage au Morholt, et le Morholt le reçut.

Le jour fixé pour le combat, Tristan se plaça sur une courtepointe de cendal vermeil [2], et se fit armer pour la haute aventure. Il revêtit le haubert [3] et le heaume [4] d'acier bruni. Les barons pleuraient car ils avaient pitié du preux [5] chevalier et honte d'eux-mêmes. « Ah ! Tristan, se disaient-ils, hardi baron, belle jeunesse, pourquoi n'ai-je pas entrepris cette bataille à ta place ! Ma mort jetterait un deuil moins important sur cette terre !... » Les cloches sonnent, et tous, les barons et le petit peuple, vieillards, enfants et femmes, pleurant et priant, escortent Tristan jusqu'au rivage. Ils espéraient encore, car l'espoir se nourrit de peu dans le cœur des hommes.

Tristan monta seul dans une barque et cingla vers l'île Saint-Samson. Mais le Morholt avait tendu à son mât une voile de riche pourpre [6], et il aborda en premier dans l'île. Il attachait sa barque au rivage, quand Tristan, touchant terre à son tour, repoussa du pied la sienne vers la mer.

« Vassal, que fais-tu ? dit le Morholt, et pourquoi n'as-tu pas retenu comme moi ta barque par une amarre ?

– Vassal, à quoi bon ? répondit Tristan. Seul l'un de nous reviendra vivant d'ici : une seule barque ne lui suffit-elle pas ? »

Et tous deux, s'excitant au combat par des paroles outrageuses [7], s'enfoncèrent dans l'île.

Personne ne vit l'âpre bataille ; mais, par trois fois, il sembla que la brise marine apportait au rivage un cri furieux. Alors, en

---

1. ***Hardiesse*** : audace, courage.
2. ***Courtepointe de cendal vermeil*** : couverture de soie rouge.
3. ***Haubert*** : voir note 2, p. 64.
4. ***Heaume*** : voir note 3, p. 64.
5. ***Preux*** : brave.
6. ***Pourpre*** : riche étoffe de couleur rouge.
7. ***Outrageuses*** : insultantes.

signe de deuil, les femmes frappaient des mains en chœur, et les compagnons du Morholt, massés à l'écart devant leurs tentes, riaient. Enfin, vers l'heure de none[1], on vit au loin se tendre la voile de pourpre ; la barque de l'Irlandais se détacha de l'île, et une clameur de détresse retentit : « Le Morholt ! le Morholt ! » Mais, comme la barque grandissait, soudain, au sommet d'une vague, elle montra un chevalier qui se dressait à la proue[2] ; chacun de ses poings tendait une épée brandie : c'était Tristan.

*Tristan et Iseut*, trad. adaptée de Joseph Bédier, éd. Gaëlle Cabau, Flammarion, coll. « Étonnants Classiques », 2012, chap. 2, p. 43-46.

## *La Chanson de Roland* (XIIe siècle)

La *Chanson de Roland* est une chanson de geste, c'est-à-dire un long poème épique relatant les hauts faits d'un chevalier, qui était chantée par des artistes itinérants, les jongleurs. Cette œuvre puise son sujet dans ce qu'on appelle la matière de France (voir p. 62), c'est-à-dire un ensemble d'histoires liées au règne de Charlemagne[3]. Elle retrace les batailles qui opposent le chevalier Roland, neveu de Charlemagne, aux Sarrasins[4], pour la domination de l'Espagne. Dans la scène qui suit, Roland réalise une série d'exploits qui forment une aristie[5] et mettent en valeur ses qualités chevaleresques.

1. ***None*** : nom de la prière qui se récite à la neuvième heure du jour, c'est-à-dire vers trois heures de l'après-midi.
2. ***Proue*** : avant du bateau.
3. ***Charlemagne*** : roi des Francs et empereur d'Occident à la fin du VIIIe et au début du IXe siècle.
4. ***Sarrasins*** : nom donné, au Moyen Âge, aux peuples musulmans.
5. ***Aristie*** : voir note 1, p. 34.

## Le combat contre les Sarrasins

Le comte Roland par le champ [1] chevauche,
il tient Durendal [2] qui tranche et taille bien.
Des Sarrasins il fait un affreux carnage.
Ah ! si vous l'aviez vu les jeter morts l'un sur l'autre,
le sang clair répandu sur la place !
Il en a ensanglanté sa cuirasse [3] et ses bras,
et son bon cheval à l'encolure [4] et aux épaules.
Et Olivier [5], pour frapper, n'est pas en retard,
les douze pairs [6] ne méritent aucun reproche
et les Français frappent à coups redoublés.
Les païens [7] meurent, d'autres se pâment [8].
L'archevêque s'écrie : « Bénis soient nos barons [9] ! »
Il crie « Monjoie », c'est le cri de guerre de Charles [10].

Et Olivier chevauche parmi la mêlée ;
de sa lance brisée, il n'a plus qu'un tronçon.
Il va frapper un païen, Malsaron,
lui brise son bouclier couvert d'or et de fleurs,
lui fait de la tête sauter les deux yeux
et la cervelle lui tombe jusqu'aux pieds.
Il l'abat mort avec sept cents des leurs.
Puis il a tué Turgis et Esturgot [11].

---

**1.** ***Le champ*** : ici, le champ de bataille.
**2.** ***Durendal*** : nom de l'épée de Roland.
**3.** ***Cuirasse*** : voir note 7, p. 33.
**4.** ***L'encolure*** : le cou du cheval.
**5.** ***Olivier*** : ami et allié de Roland.
**6.** ***Pairs*** : proches conseillers de Charlemagne.
**7.** ***Les païens*** : les non-chrétiens.
**8.** ***Se pâment*** : s'évanouissent.
**9.** ***Barons*** : voir note 3, p. 65.
**10.** ***Charles*** : ici Charlemagne (*Carolus Magnus* signifie « Charles le Grand »), voir note 3, p. 86.
**11.** ***Turgis et Esturgot*** : deux chevaliers sarrasins.

Sa lance se brise et se fend jusqu'aux poings.
Roland lui dit : « Compagnon, que faites-vous ?
Dans une telle bataille, je ne veux pas d'un bâton ;
le fer et l'acier doivent prévaloir.
Où est donc votre épée qui se nomme Hauteclaire ?
La poignée en est d'or, le pommeau de cristal.
– Je n'ai pu la tirer, lui répond Olivier,
car, à frapper, j'avais tant de besogne ! »

Sire Olivier a tiré sa bonne épée
que son compagnon Roland lui a tant demandée,
et il l'a brandie en vrai chevalier.
Il frappe un païen, Justin de Valferrée,
il lui partage en deux toute la tête,
il lui tranche le corps et la brogne safrée [1],
la bonne selle aux gemmes [2] serties d'or,
et du cheval il a tranché l'échine [3].
Il les abat morts devant lui dans le pré.
Roland lui dit : « Je vous reconnais, frère.
Pour de tels coups l'empereur nous aime. »
De toutes parts, on a crié « Monjoie ». [...]

*La Chanson de Roland*, trad. Jean Dufournet,
éd. Patrice Kleff, Flammarion,
coll. « Étonnants Classiques », 2003,
rééd. 2014, laisses 105-107, p. 53-55.

---

1. ***Brogne safrée*** : cuirasse à écailles ou à clous de couleur jaune.
2. ***Gemmes*** : pierres précieuses.
3. ***Échine*** : voir note 1, p. 42.

# 3. L'époque moderne : entre héros et antihéros

À partir de la Renaissance, au XVI^e siècle, le modèle du héros chrétien se modifie. Le personnage de don Quichotte (p. 90) montre que l'on ne prend plus au sérieux les chevaliers de l'époque médiévale, dont les aventures avaient connu un immense succès dans toute l'Europe.

Cette mise en question de l'héroïsme se poursuit au XVII^e siècle : souvent, sur la scène des théâtres, tout comme dans les romans de cette époque, le combat héroïque se déplace : le héros doit tout autant triompher de conflits intérieurs (dilemme entre la morale et l'amour, l'honneur et le bonheur) que s'illustrer dans des batailles. C'est ce que *Le Cid* de Corneille souligne : on voit Rodrigue confronté au choix entre l'amour et l'honneur, sans bonheur possible, en raison du renoncement nécessaire à l'un ou à l'autre.

Au XVIII^e siècle, époque des Lumières, le héros perd tout à fait ses qualités surhumaines : des auteurs tels que Voltaire manient l'ironie pour forcer le lecteur à interroger des idées reçues. Le philosophe va jusqu'à présenter la guerre comme une « boucherie héroïque » et les hommes, qui en sont responsables, comme des barbares (p. 96). Sans aller jusque-là, le héros peut prendre des airs d'affabulateur, comme le baron de Münchhausen narrant ses exploits (p. 98).

Nostalgique du Moyen Âge, le XIX^e siècle voit le retour du héros avec le romantisme dont Victor Hugo est un des plus grands représentants.

Mais, s'il inscrit dans ses œuvres des héros des siècles passés, il fait aussi émerger de nouvelles figures, toutes romanesques et qui n'appartiennent plus à la noblesse mais au peuple, comme Jean Valjean (p. 101), sorte d'Hercule contemporain.
Un personnage presque tout-puissant comme le comte de Monte-Cristo (p. 105) semble même annoncer l'arrivée d'un nouveau type héroïque : le super-héros.

## Cervantès, *Don Quichotte* (1605-1615)

En écrivant les aventures de don Quichotte, Cervantès (1547-1616) reprend les motifs du roman de chevalerie pour les détourner et en rire. En effet, Don Quichotte est un pauvre gentilhomme espagnol passionné de romans de chevalerie. À force d'en lire, il en vient à se prendre lui-même pour un chevalier devant faire triompher la justice dans le pays. Il emmène dans son périple un paysan, Sancho Panza, qu'il nomme son écuyer.

### « Se battre contre des moulins à vent »

En ce moment, ils découvrirent trente ou quarante moulins à vent[1] qu'il y a dans cette plaine, et, dès que don Quichotte les vit, il dit à son écuyer : « La fortune[2] conduit nos affaires mieux que ne pourrait y réussir notre désir même. Regarde, ami Sancho ; voilà devant nous au moins trente démesurés géants, auxquels je pense livrer bataille et ôter la vie à tous tant qu'ils sont. Avec leurs dépouilles[3], nous commencerons à nous

1. D'introduction récente dans la Manche, région du centre de l'Espagne, les moulins à vent surprennent don Quichotte qui les prend pour des géants.
2. ***Fortune*** : voir note 3, p. 46.
3. ***Dépouilles*** : voir note 3, p. 47.

enrichir ; car c'est prise de bonne guerre, et c'est grandement servir Dieu que de faire disparaître si mauvaise engeance [1] de la face de la terre.

– Quels géants ? demanda Sancho Panza.

– Ceux que tu vois là-bas, lui répondit son maître, avec leurs grands bras, car il y en a qui les ont de presque deux lieues [2] de long.

– Prenez donc garde, répliqua Sancho ; ce que nous voyons là-bas ne sont pas des géants, mais des moulins à vent, et ce qui paraît leurs bras ce sont leurs ailes, qui, tournées par le vent, font tourner à leur tour la meule du moulin.

– On voit bien, répondit don Quichotte, que tu n'es pas expert en fait d'aventures : ce sont des géants, te dis-je ; si tu as peur, ôte-toi de là, et va te mettre en oraison [3] pendant que je leur livrerai une inégale et terrible bataille. » En parlant ainsi, il donna de l'éperon [4] à son cheval Rossinante, sans prendre garde aux avis de son écuyer Sancho, qui lui criait qu'à coup sûr c'étaient des moulins à vent et non des géants qu'il allait attaquer. Pour lui, il s'était si bien mis dans la tête que c'étaient des géants que non seulement il n'entendait point les cris de son écuyer Sancho, mais qu'il ne parvenait pas, même en approchant tout près, à reconnaître la vérité. Au contraire, et tout en courant, il disait à grands cris :

« Ne fuyez pas, lâches et viles [5] créatures, c'est un seul chevalier qui vous attaque. »

Un peu de vent s'étant alors levé, les grandes ailes commencèrent à se mouvoir ; ce que voyant don Quichotte, il s'écria :

---

1. ***Engeance*** : voir note 4, p. 81.
2. ***Deux lieues*** : près de 8 km (la lieue est une ancienne mesure de longueur valant environ 4 km).
3. ***Oraison*** : prière.
4. ***Éperon*** : voir note 1, p. 71.
5. ***Viles*** : voir note 3, p. 81.

« Quand même vous remueriez plus de bras que le géant Briarée [1], vous allez me le payer. »

En disant ces mots, il se recommande du profond de son cœur à sa dame Dulcinée, la priant de le secourir en un tel péril ; puis, bien couvert de son écu [2], et la lance en arrêt, il se précipite, au plus grand galop de Rossinante, contre le premier moulin qui se trouvait devant lui ; mais, au moment où il perçait l'aile d'un grand coup de lance, le vent la chasse avec tant de furie qu'elle met la lance en pièces, et qu'elle emporte après elle le cheval et le chevalier, qui s'en alla rouler sur la poussière en fort mauvais état.

Cervantès, *Don Quichotte*, trad. Louis Viardot, éd. Véronique Anglard, Flammarion, coll. « Étonnants Classiques », 2008, I, 8, p. 64-66.

## Corneille, *Le Cid* (1636)

Avec *Le Cid*, Corneille (1606-1684) explore le conflit de l'honneur et de l'amour, qui met le héros à rude épreuve : Rodrigue, fils de don Diègue, est promis à Chimène, fille de don Gomès (le Comte). Or don Diègue et don Gomès sont rivaux, convoitant tous deux le titre de gouverneur de l'infant de Castille. Le roi Ferdinand Ier choisit le premier. Déçu, don Gomès gifle son adversaire. Rodrigue est alors confronté à un terrible dilemme tragique : soit il venge son père en affrontant son ennemi, au risque de perdre l'amour de Chimène ; soit il renonce à la vengeance mais perd son honneur. Il ne tarde pas à se décider ; son choix pourrait lui coûter la vie...

---

1. ***Briarée*** : géant de la mythologie grecque qui possédait cent bras et cinquante têtes.
2. ***Écu*** : voir note 6, p. 64.

## La magnanimité[1] de Rodrigue

DON RODRIGUE

À moi, Comte, deux mots.

LE COMTE

Parle.

DON RODRIGUE

Ôte-moi d'un doute.
Connais-tu bien Don Diègue ?

LE COMTE

Oui.

DON RODRIGUE

Parlons bas[2] ; écoute.
Sais-tu que ce vieillard fut la même vertu[3],
La vaillance, et l'honneur de son temps ? le sais-tu ?

LE COMTE

Peut-être.

DON RODRIGUE

Cette ardeur que dans les yeux je porte,
Sais-tu que c'est son sang ? le sais-tu ?

LE COMTE

Que m'importe ?

DON RODRIGUE

À quatre pas d'ici je te le fais savoir[4].

LE COMTE

Jeune présomptueux[5].

---

**1.** ***Magnanimité*** : grandeur d'âme (formé sur le latin *magnanimitas*, composé de *magna*, « grande », et *anima*, « âme »).

**2.** Cette scène se passe en effet dans une salle du palais royal.

**3.** ***La même vertu*** : la vertu même, c'est-à-dire le courage incarné.

**4.** Don Rodrigue défie le comte en duel.

**5.** ***Présomptueux*** : trop sûr de lui, présumant de ses forces.

DON RODRIGUE

Parle sans t'émouvoir.
Je suis jeune, il est vrai, mais aux âmes bien nées
La valeur n'attend pas le nombre des années.

LE COMTE

Mais t'attaquer à moi ! qui t'a rendu si vain [1],
Toi qu'on n'a jamais vu les armes à la main ?

DON RODRIGUE

Mes pareils à deux fois ne se font point connaître,
Et pour leurs coups d'essai veulent des coups de maître [2].

LE COMTE

Sais-tu bien qui je suis ?

DON RODRIGUE

Oui, tout autre que moi
Au seul bruit de ton nom pourrait trembler d'effroi,
Mille et mille lauriers [3] dont ta tête est couverte
Semblent porter écrit le destin de ma perte ;
J'attaque en téméraire un bras toujours vainqueur,
Mais j'aurai trop de force, ayant assez de cœur,
À qui venge son père il n'est rien d'impossible,
Ton bras est invaincu, mais non pas invincible.

LE COMTE

Ce grand cœur qui paraît aux discours [4] que tu tiens
Par tes yeux chaque jour se découvrait aux miens,
Et croyant voir en toi l'honneur de la Castille,
Mon âme avec plaisir te destinait ma fille.
Je sais ta passion, et suis ravi de voir

---

**1.** ***Vain*** : vaniteux.

**2.** Il faut comprendre : les hommes tels que moi n'ont pas besoin de deux occasions pour révéler ce qu'ils sont.

**3.** ***Lauriers*** : la couronne de laurier est symbole de victoire.

**4.** ***Qui paraît aux discours*** : qui transparaît dans les discours.

Que tous ses mouvements[1] cèdent à ton devoir,
Qu'ils n'ont point affaibli cette ardeur magnanime[2],
Que ta haute vertu répond à mon estime,
Et que voulant pour gendre un cavalier parfait
Je ne me trompais point au choix que j'avais fait.
Mais je sens que pour toi ma pitié s'intéresse[3],
J'admire ton courage, et je plains ta jeunesse ;
Ne cherche point à faire un coup d'essai fatal,
Dispense ma valeur d'un combat inégal,
Trop peu d'honneur pour moi suivrait cette victoire,
À vaincre sans péril on triomphe sans gloire,
On te croirait toujours abattu sans effort,
Et j'aurais seulement le regret de ta mort.

DON RODRIGUE

D'une indigne pitié ton audace est suivie.
Qui m'ose ôter l'honneur craint de m'ôter la vie !

LE COMTE

Retire-toi d'ici.

DON RODRIGUE

Marchons sans discourir.

LE COMTE

Es-tu si las de vivre ?

DON RODRIGUE

As-tu peur de mourir ?

LE COMTE

Viens, tu fais ton devoir, et le fils dégénère[4]

---

**1.** ***Mouvements*** : sentiments, passions qui ébranlent une âme.
**2.** ***Magnanime*** : qui est le signe d'une grande âme (voir aussi note 1, p. 93).
**3.** ***S'intéresse*** : prend parti.
**4.** ***Dégénère*** : n'est plus digne de ses ancêtres.

Qui survit[1] un moment à l'honneur de son père.

Corneille, *Le Cid*, éd. Frédéric Maget, Flammarion, coll. « Étonnants Classiques », 2012, acte I, scène 2, p. 64-68.

## Voltaire, *Candide* (1759)

Avec le personnage de Candide, Voltaire (1694-1778) crée un nouveau type de héros. Éduqué dans un château, et ainsi tenu loin du monde, Candide en est soudain renvoyé après avoir été surpris en train d'embrasser Cunégonde, la fille du maître des lieux. Enrôlé de force dans les armées bulgares en guerre contre les Abares[2], il se retrouve confronté aux horreurs des batailles... À travers son regard et avec ironie, Voltaire se livre à une critique du prétendu héroïsme militaire.

### Le philosophe et la guerre

Rien n'était si beau, si leste[3], si brillant, si bien ordonné que les deux armées. Les trompettes, les fifres[4], les hautbois, les tambours, les canons, formaient une harmonie telle qu'il n'y en eut jamais en enfer. Les canons renversèrent d'abord à peu près six mille hommes de chaque côté ; ensuite la mousqueterie[5] ôta du meilleur des mondes environ neuf à dix mille coquins[6] qui en infectaient la surface. La baïonnette fut aussi la raison suffisante de la mort de quelques milliers d'hommes. Le tout pouvait bien se monter à une trentaine de mille âmes. Candide, qui tremblait

1. ***Qui survit*** : s'il survit.
2. ***Abares*** : peuple scythe (comme les Bulgares), qui ravagea l'Europe orientale du VIe au IXe siècle.
3. ***Leste*** : élégant.
4. ***Fifres*** : flûtes traversières en bois.
5. ***Mousqueterie*** : tir simultané de plusieurs fusils.
6. ***Coquins*** : personnes sans scrupules, capables d'actions malhonnêtes.

# La représentation du héros dans les arts

## Le héros antique : la naissance d'un mythe

Chez les Grecs, le culte des héros fait partie de la vie de la cité. On leur fait des offrandes, comme on honorerait un dieu ou un ancêtre. Ils sont dotés d'une force physique exceptionnelle, en plus de faire preuve d'adresse et d'esprit. Les représentations d'Hercule, dont on retrouve les aventures dans le texte de Diodore de Sicile (p. 45-48), illustrent la fascination que les héros mythologiques ont pu exercer dans les arts.

▲ **Vase grec (v^e siècle av. J.-C.).**
Les dieux interviennent souvent pour venir prêter main-forte aux héros antiques, notamment pendant la guerre de Troie. Diomède (à gauche), inspiré par Athéna (à l'extrême-gauche), se livre à une série d'exploits. Il l'emporte sur le prince Énée (à droite), qui est sauvé par sa propre mère Aphrodite (à l'extrême-droite).

▶ **Hercule Farnèse, attribué à Lysippe (iv^e siècle av. J.-C.).**
Fils de Zeus, Héraclès (ou Hercule) est capable d'exploits surhumains. Ici, le héros à l'imposante stature se repose après avoir dérobé les pommes d'or du jardin des Hespérides (il les tient dans sa main droite, derrière son dos). Sa force extraordinaire (mise en évidence par sa musculature), son équipement (le gourdin sur lequel il s'appuie) et son habit (la peau de lion, accrochée à la massue) sont autant d'attributs qui font de lui un héros identifiable. Les super-héros des *comics* (type de bandes dessinées américaines) au xx^e siècle reprendront d'ailleurs ces traits distinctifs.

▲ Gustave Moreau (1826-1898), *Hercule et l'Hydre de Lerne* (1876), Paris, musée Gustave Moreau. Au XIX^e siècle, le peintre symboliste Gustave Moreau (1826-1898) donne une vision plus spirituelle du héros. Si on le reconnaît à son gourdin et à sa peau de lion, son physique est affiné et sa barbe a disparu. Il est muni ici d'un arc, ce qui met en évidence son habileté plus que sa force physique ; le héros fait d'ailleurs pâle figure à côté de l'hydre qui le toise d'une tête.

## Le chevalier du Moyen Âge et de la Renaissance

Comme en littérature, le motif du chevalier au Moyen Âge inspire les peintres européens du XIXe siècle et permet de renouveler la thématique antique, prédominante dans l'art jusque-là. En effet, l'aventure, propre aux légendes et contes médiévaux, fascine les artistes qui voient dans la quête des chevaliers un enjeu de représentation. Comment montrer la ferveur mystique de Jeanne d'Arc ? ou l'atmosphère mystérieuse de la légende arthurienne ? Certains, comme Daumier (1808-1879), s'intéressent aux détournements parodiques de la figure du chevalier. Le célèbre caricaturiste consacrera ainsi pas moins de 29 peintures et 41 dessins au don Quichotte de Cervantès.

John Everett Millais (1829-1896), *Jeanne d'Arc* (1865), collection particulière.
Chez les préraphaélites, un groupe d'artistes qui voit le jour au Royaume-Uni en 1848, les thèmes religieux sont un sujet de prédilection.
Le peintre John Everett Millais propose une Jeanne d'Arc en armure, avec son casque, sa cotte de mailles et son épée, même si certains détails (notamment ses cheveux longs et sa bouche carmin) mettent en valeur sa féminité. Le peintre représente l'héroïne au moment où elle entend les voix de saint Michel, sainte Catherine et sainte Marguerite qui l'encouragent à combattre les Anglais. Le contraste du clair-obscur évoque la double identité de Jeanne d'Arc, à la fois sainte et guerrière.

**Edward Burne-Jones (1833-1898), *Le Dernier Sommeil d'Arthur* (1881-1898), Porto Rico, musée de Ponce.**
Le peintre anglais Edward Burne-Jones présente un intérêt marqué pour la légende arthurienne. Il travailla à ce tableau toute la fin de sa vie, le laissant inachevé. Inspirée, comme le film *Excalibur**, de *Le Morte d'Arthur* de Malory, la scène montre le roi Arthur, blessé après la bataille de Camlaan et emporté dans l'île d'Avalon par la fée Morgane.

**Honoré Daumier (1808-1879), *Don Quichotte* (v. 1868), Munich (Allemagne), Neue Pinakothek.**
L'intérêt de Daumier pour don Quichotte peut surprendre : l'artiste est en effet davantage connu pour ses illustrations satiriques représentant les travers de bourgeois pansus que pour ses peintures à huile de sujets littéraires. Ici, don Quichotte n'est plus qu'une silhouette désincarnée. À force d'avoir lu trop de romans de chevalerie, don Quichotte s'est coupé du monde réel et semble vivre dans un monde peuplé de fantômes. Une certaine mélancolie se dégage de l'ensemble.

* Voir Dossier, p. 158-160.

## Les nouveaux visages des héros du XXe siècle

Si les valeurs héroïques incarnent les aspirations d'une communauté, l'évolution de ses modèles reflète celle d'une époque. Le XXe siècle a ainsi vu émerger de nouveaux héros et héroïnes, emblèmes des profondes mutations sociales qui l'ont traversé, telles les femmes résistantes de la France occupée ou les pourfendeurs de la ségrégation raciale aux États-Unis.

▲ Lucie Aubrac (1912-2007) entre en résistance en faisant évader son mari, prisonnier de guerre, en 1940. Elle poursuit son métier de professeure agrégée tout en travaillant, clandestinement, pour le mouvement Libération-Sud. La Seconde Guerre mondiale terminée, elle sera de tous les grands combats de la seconde moitié du XXe siècle, tels la décolonisation et les droits de la femme.

▲ Martin Luther King (1929-1968) est un pasteur baptiste afro-américain, célèbre pour avoir mené un combat non-violent pour la reconnaissance des droits civiques des Noirs américains. Excellent orateur, il suscite une grande ferveur et reçoit le prix Nobel de la paix en 1964. Assassiné en 1968, il est depuis l'une des personnalités les plus admirées de l'histoire américaine.

## Les héros du cinéma contemporain américain : aux croisements de plusieurs influences

Le cinéma, qui porte un intérêt accru aux héros et super-héros, propose de nouvelles incarnations de ces derniers, qui puisent au sein de différentes traditions et reflètent l'évolution de l'imaginaire américain. Si elles participent d'un monde où la violence est exaltée, mais où le bien triomphe toujours, n'expriment-elles pas aussi l'inquiétude d'une société en quête de figures salvatrices ?

### Le péplum

▲ **Photogrammes issus de *300* (2007) de Zack Snyder.**
Inspiré du roman graphique du même nom, *300* donne, à travers le récit de la bataille des Thermopyles (v. 480 av. J.-C.), une vision fantasmée et complaisante de la culture spartiate. Les héros arborent un corps parfait et les effets spéciaux insistent sur l'aspect épique. Seul le personnage d'Éphialtès (Andrew Tiernan), difforme, vient briser cette belle harmonie, rappelant le personnage de Thersite d'Homère*. Sans surprise, l'histoire fait de lui un traître.

* Voir texte extrait de l'*Iliade* d'Homère, p. 37-40.

▲ Affiche d'*Avengers : L'Ère d'Ultron* (2015) de Joss Whedon.
Avec les deux films *Avengers* (2012 et 2015), les super-héros passent des *comics* au grand écran avec un succès inégalé. Sur l'affiche, on reconnaît notamment Thor (Chris Hemsworth) et son marteau, Captain America (Chris Evans) et son bouclier et Iron Man (Robert Downey Jr.) avec son armure. Ce n'est sans doute pas un hasard si, à eux trois, ils forment l'armement complet du chevalier médiéval. Hulk (Mark Ruffalo), quant à lui, incarne la fureur guerrière nécessaire au combattant.

## La fantasy

◀ Photogramme issu du *Seigneur des Anneaux : Le Retour du Roi* (2003) de Peter Jackson.
Dans *Le Retour du Roi* adapté de Tolkien, Eowyn (Miranda Otto) est seule capable de terrasser le Roi-Sorcier, chef des Nazgûl. En effet, cette créature ne peut être vaincue par un homme. C'est donc de la main d'une femme, Eowyn, et d'un semi-homme, Merry, qu'elle mourra.

## La dystopie *

◀ Affiche de *Hunger Games. La Révolte, partie 2* (2015) de Francis Lawrence.
La tétralogie cinématographique *Hunger Games* (Ross puis Lawrence, 2012-2015), inspirée des romans de Suzanne Collins, présente un monde fictif dans lequel un pouvoir totalitaire, le Capitole, exerce un contrôle dictatorial sur les treize districts de Panem. La jeune Katniss Everdeen (Jennifer Lawrence) se rebelle et devient le symbole de la révolte contre cette domination. Imprégné de culture antique, le cycle reprend notamment le motif des combats de gladiateurs et confère à son héroïne les traits de Diane, la vierge chasseresse.

* Voir encadré « Les genres de l'imaginaire », p. 129.

comme un philosophe, se cacha du mieux qu'il put pendant cette boucherie héroïque.

Enfin, tandis que les deux rois faisaient chanter des *Te Deum*[1], chacun dans son camp, il prit le parti d'aller raisonner ailleurs des effets et des causes. Il passa par-dessus des tas de morts et de mourants, et gagna d'abord un village voisin ; il était en cendres : c'était un village abare que les Bulgares avaient brûlé, selon les lois du droit public[2]. Ici des vieillards criblés de coups regardaient mourir leurs femmes égorgées, qui tenaient leurs enfants à leurs mamelles sanglantes ; là des filles, éventrées après avoir assouvi les besoins naturels de quelques héros[3], rendaient les derniers soupirs ; d'autres, à demi brûlées, criaient qu'on achevât de leur donner la mort. Des cervelles étaient répandues sur la terre à côté de bras et de jambes coupés.

Candide s'enfuit au plus vite dans un autre village : il appartenait à des Bulgares, et les héros abares l'avaient traité de même. Candide, toujours marchant sur des membres palpitants ou à travers des ruines, arriva enfin hors du théâtre de la guerre, portant quelques petites provisions dans son bissac[4], et n'oubliant jamais Mademoiselle Cunégonde.

Voltaire, *Candide*, éd. Jean-Philippe Marty,
Flammarion, coll. « Étonnants Classiques », 2014, chap. 3, p. 50-54.

---

1. ***Te Deum*** : cantique chrétien en latin, commençant par les mots *Te Deum laudamus* (« Dieu, nous te louons ») et qui se chante en particulier en remerciement d'une victoire remportée.
2. ***Droit public*** : ici, droit commun aux différents pays.
3. ***Après avoir assouvi les besoins naturels de quelques héros*** : après avoir été violées par des soldats.
4. ***Bissac*** : sac de voyage.

## *Aventures du baron de Münchhausen* (XVIII^e^-XIX^e^ siècle)

Le baron de Münchhausen (1720-1797), personne réelle devenue personnage fictif (ses récits sont pour la première fois publiés à la fin du XVIII^e^ siècle par l'écrivain allemand Rudolf Erich Raspe), est l'un des héros allemands les plus populaires. Narrateur de ses propres aventures, le baron se présente sous les traits d'un héros capable d'exploits étonnants et à peine croyables ! Dans cet extrait, après avoir voyagé sur la lune, il navigue en mer, découvre un océan de vin avant d'être avalé, avec ses compagnons, par une impressionnante baleine... Les exploits du héros sont ici teintés de merveilleux.

### Dans le ventre de la baleine

Quand nous eûmes erré trois jours durant, Dieu sait où – car nous manquions toujours de boussole –, nous arrivâmes dans une mer qui semblait toute noire : nous goûtâmes ce que nous prenions pour de l'eau sale, et nous reconnûmes que c'était de l'excellent vin ! Nous eûmes toutes les peines du monde à empêcher nos matelots de se griser. Mais notre joie ne fut pas de longue durée, car, quelques heures après, nous nous trouvâmes entourés de baleines et d'autres poissons non moins gigantesques : il y en avait un d'une longueur si prodigieuse que même avec une lunette d'approche [1] nous n'en pûmes voir le bout. Malheureusement nous n'aperçûmes le monstre qu'au moment où il était tout près de nous : il avala d'un trait notre bâtiment avec ses mâts dressés et toutes ses voiles dehors.

Après que nous eûmes passé quelque temps dans sa gueule, il la rouvrit pour engloutir une énorme masse d'eau : notre navire, soulevé par ce courant, fut entraîné dans l'estomac du monstre,

1. ***Lunette d'approche*** : instrument d'optique qui grossit les objets.

où nous nous trouvions comme si nous eussions été à l'ancre pris d'un calme plat. L'air était, il faut en convenir, chaud et lourd.

Nous vîmes dans cet estomac des ancres, des câbles, des chaloupes, des barques et bon nombre de navires, les uns chargés, les autres vides, qui avaient subi le même sort que nous. Nous étions obligés de vivre à la lumière des torches ; il n'y avait plus pour nous ni soleil, ni lune, ni planètes. Ordinairement nous nous trouvions deux fois par jour à flot et deux fois à sec. Quand la bête buvait nous étions à flot, lorsqu'elle lâchait l'eau nous étions à sec. D'après les calculs exacts que nous fîmes, la quantité d'eau qu'elle avalait à chaque gorgée eût suffi à remplir le lit du lac de Genève, dont la circonférence est de trente milles[1].

Le second jour de notre captivité dans ce ténébreux royaume, je me hasardai avec le capitaine et quelques officiers à faire une petite excursion au moment de la marée basse, comme nous disions. Nous nous étions munis de torches, et nous rencontrâmes successivement près de dix mille hommes de toutes nations qui se trouvaient dans la même position que nous. Ils s'apprêtaient à délibérer sur les moyens à employer pour recouvrer leur liberté. Quelques-uns d'entre eux avaient déjà passé plusieurs années dans l'estomac du monstre. Mais au moment où le président[2] nous instruisait de la question qui allait s'agiter, notre diable de poisson eut soif et se mit à boire ; l'eau se précipita avec tant de violence que nous eûmes tout juste le temps de retourner à nos navires : plusieurs des assistants, moins prompts que les autres, furent même obligés de se mettre à la nage.

Quand le poisson se fut vidé, nous nous réunîmes de nouveau. On me choisit pour président : je proposai de réunir bout à bout deux des plus grands mâts, et, lorsque le monstre ouvrirait la gueule, de les dresser de façon à l'empêcher de la refermer.

---

**1.** ***Trente milles*** : le mille est une unité de mesure des distances ; un mille équivaut à environ 1,6 km. Une circonférence de trente milles représente donc un peu moins de 50 km.

**2.** ***Le président*** : ici, celui qui préside l'assemblée.

Cette motion[1] fut acceptée à l'unanimité, et cent hommes choisis parmi les plus vigoureux furent chargés de la mettre à exécution. À peine les deux mâts étaient-ils disposés selon mes instructions, qu'il se présenta une occasion favorable. Le monstre se prit à bâiller ; nous dressâmes aussitôt nos deux mâts de manière que l'extrémité inférieure se trouvait plantée dans sa langue, et que l'autre extrémité pénétrait dans la voûte de son palais : il lui était dès lors impossible de rapprocher ses mâchoires.

Dès que nous fûmes à flot, nous armâmes les chaloupes qui nous remorquèrent et nous ramenèrent dans le monde. Ce fut avec une joie inexprimable que nous revîmes la lumière du soleil dont nous avions été privés pendant ces quinze jours de captivité. Lorsque tout le monde fut sorti de ce vaste estomac, nous formions une flotte de trente-cinq navires de toutes les nations. Nous laissâmes nos deux mâts plantés dans la gorge du poisson, pour préserver d'un accident semblable au nôtre ceux qui se trouveraient entraînés vers ce gouffre.

*Aventures du baron de Münchhausen*,
trad. Théophile Gautier fils, éd. Fabien Clavel,
Flammarion, coll. « Étonnants Classiques », 2016, chap. 17, p. 135-137.

## Hugo, *Les Misérables* (1862)

Jean Valjean est un ancien forçat. Après sa libération, il commet un dernier larcin qui peut lui valoir la perpétuité. Il est poursuivi par l'inspecteur de police Javert. Quelques années plus tard, Jean Valjean a changé d'identité et il est devenu le respectable Monsieur Madeleine, maire de Montreuil-sur-Mer. Mais un accident obligeant l'ancien forçat à une action héroïque risque de le faire reconnaître de Javert, affecté dans la ville.

1. ***Motion*** : proposition.

## Jean Valjean, un colosse héroïque

M. Madeleine passait un matin dans une ruelle non pavée de Montreuil-sur-Mer ; il entendit du bruit et vit un groupe à quelque distance. Il y alla. Un vieux homme, nommé le père Fauchelevent, venait de tomber sous sa charrette dont le cheval s'était abattu.

Ce Fauchelevent était un des rares ennemis qu'eût encore M. Madeleine à cette époque. Lorsque Madeleine était arrivé dans le pays, Fauchelevent, ancien tabellion [1] et paysan presque lettré, avait un commerce qui commençait à aller mal. Fauchelevent avait vu ce simple ouvrier [2] qui s'enrichissait, tandis que lui, maître [3], se ruinait. Cela l'avait rempli de jalousie, et il avait fait ce qu'il avait pu en toute occasion pour nuire à Madeleine. Puis la faillite était venue, et, vieux, n'ayant plus à lui qu'une charrette et un cheval, sans famille et sans enfants du reste, pour vivre il s'était fait charretier [4].

Le cheval avait les deux cuisses cassées et ne pouvait se relever. Le vieillard était engagé entre les roues. La chute avait été tellement malheureuse que toute la voiture pesait sur sa poitrine. La charrette était assez lourdement chargée. Le père Fauchelevent poussait des râles [5] lamentables. On avait essayé de le tirer, mais en vain. Un effort désordonné, une aide maladroite, une secousse à faux pouvaient l'achever. Il était impossible de le dégager autrement qu'en soulevant la voiture par-dessous. Javert, qui était survenu au moment de l'accident, avait envoyé chercher un cric [6].

M. Madeleine arriva. On s'écarta avec respect.

---

1. ***Tabellion*** : officier public qui tenait lieu de notaire.
2. Il s'agit de M. Madeleine, *alias* Jean Valjean.
3. ***Maître*** : ici, agriculteur propriétaire.
4. ***Charretier*** : conducteur de charrette.
5. ***Râles*** : bruits rauques de respiration.
6. ***Cric*** : appareil de levage pour les véhicules.

« À l'aide ! criait le vieux Fauchelevent. Qui est-ce qui est bon enfant[1] pour sauver le vieux ? »

M. Madeleine se tourna vers les assistants :

« A-t-on un cric ?

– On en est allé quérir[2] un, répondit un paysan.

– Dans combien de temps l'aura-t-on ?

– On est allé au plus près, au lieu Flachot, où il y a un maréchal[3] ; mais c'est égal, il faudra bien un bon quart d'heure.

– Un quart d'heure ! » s'écria Madeleine.

Il avait plu la veille, le sol était détrempé, la charrette s'enfonçait dans la terre à chaque instant et comprimait de plus en plus la poitrine du vieux charretier. Il était évident qu'avant cinq minutes il aurait les côtes brisées.

« Il est impossible d'attendre un quart d'heure, dit Madeleine aux paysans qui regardaient.

– Il faut bien !

– Mais il ne sera plus temps ! Vous ne voyez donc pas que la charrette s'enfonce ?

– Dame !

– Écoutez, reprit Madeleine, il y a encore assez de place sous la voiture pour qu'un homme s'y glisse et la soulève avec son dos. Rien qu'une demi-minute, et l'on tirera le pauvre homme. Y a-t-il quelqu'un qui ait des reins et du cœur ? Cinq louis d'or à gagner ! »

Personne ne bougea dans le groupe.

« Dix louis », dit Madeleine.

Les assistants baissaient les yeux. Un d'eux murmura :

« Il faudrait être diablement fort. Et puis on risque de se faire écraser !

– Allons ! recommença Madeleine, vingt louis ! »

---

1. ***Bon enfant*** : généreux, aimant autrui.

2. ***Quérir*** : chercher.

3. ***Maréchal*** : ici, maréchal-ferrant.

Même silence.

« Ce n'est pas la bonne volonté qui leur manque », dit une voix.

M. Madeleine se retourna, et reconnut Javert. Il ne l'avait pas aperçu en arrivant.

Javert continua.

« C'est la force. Il faudrait être un terrible[1] homme pour faire la chose de lever une voiture comme cela sur son dos. »

Puis, regardant fixement M. Madeleine, il poursuivit en appuyant sur chacun des mots qu'il prononçait :

« Monsieur Madeleine, je n'ai jamais connu qu'un seul homme capable de faire ce que vous demandez là. »

Madeleine tressaillit.

Javert ajouta avec un air d'indifférence, mais sans quitter des yeux Madeleine :

« C'était un forçat.

– Ah ! dit Madeleine.

– Du bagne de Toulon[2]. »

Madeleine devint pâle.

Cependant la charrette continuait à s'enfoncer lentement. Le père Fauchelevent râlait et hurlait :

« J'étouffe ! Ça me brise les côtes ! un cric ! quelque chose ! ah ! »

Madeleine regarda autour de lui :

« Il n'y a donc personne qui veuille gagner vingt louis et sauver la vie à ce pauvre vieux ? »

Aucun des assistants ne remua. Javert reprit :

« Je n'ai jamais connu qu'un homme qui pût remplacer un cric, c'était ce forçat.

– Ah ! Voilà que ça m'écrase ! » cria le vieillard.

---

**1.** ***Terrible*** : doté d'une si grande force qu'il en inspire de la terreur.

**2.** Il s'agit du bagne où était enfermé Jean Valjean.

Madeleine leva la tête, rencontra l'œil de faucon de Javert toujours attaché sur lui, regarda les paysans immobiles, et sourit tristement. Puis, sans dire une parole, il tomba à genoux, et avant même que la foule eût eu le temps de jeter un cri, il était sous la voiture.

Il y eut un affreux moment d'attente et de silence.

On vit Madeleine presque à plat ventre sous ce poids effrayant essayer deux fois en vain de rapprocher ses coudes de ses genoux. On lui cria : « Père Madeleine ! retirez-vous de là ! » Le vieux Fauchelevent lui-même lui dit : « Monsieur Madeleine ! allez-vous-en ! C'est qu'il faut que je meure, voyez-vous ! laissez-moi ! Vous allez vous faire écraser aussi ! » Madeleine ne répondit pas.

Les assistants haletaient. Les roues avaient continué de s'enfoncer, et il était déjà devenu presque impossible que Madeleine sortît de dessous la voiture.

Tout à coup on vit l'énorme masse s'ébranler, la charrette se soulevait lentement, les roues sortaient à demi de l'ornière [1]. On entendit une voix étouffée qui criait : dépêchez-vous ! aidez ! C'était Madeleine qui venait de faire un dernier effort.

Ils se précipitèrent. Le dévouement d'un seul avait donné de la force et du courage à tous. La charrette fut enlevée par vingt bras. Le vieux Fauchelevent était sauvé.

Madeleine se releva. Il était blême, quoique ruisselant de sueur. Ses habits étaient déchirés et couverts de boue. Tous pleuraient, le vieillard lui baisait les genoux et l'appelait le bon Dieu. Lui, il avait sur le visage je ne sais quelle expression de souffrance heureuse et céleste, et il fixait son œil tranquille sur Javert qui le regardait toujours.

Hugo, *Les Misérables*, éd. René Journet, GF-Flammarion, 1967, partie I, livre V, chap. 6, p. 201-204.

1. ***De l'ornière*** : du trou.

## Dumas, *Le Comte de Monte-Cristo* (1844)

*Le Comte de Monte-Cristo* relate l'ascension d'Edmond Dantès, un héros justicier, qui entreprend de se venger de ceux qui l'ont trahi. L'histoire commence en 1815, sous le règne de Louis XVIII. Jeune marin, Dantès doit épouser la belle Mercédès. Jaloux de son bonheur, trois complices le font accuser de sympathie bonapartiste [1] et enfermer au château d'If, au large de Marseille. Après des années de captivité, Dantès parvient à s'évader et prend possession d'un trésor dans l'île de Monte-Cristo. Devenu riche, il prépare longuement sa vengeance, notamment à l'encontre du banquier Danglars qu'il enferme et affame, le réduisant à payer sa nourriture à prix d'or.

### Vengeance et rédemption

Le cinquième jour, il se traîna à l'entrée de la cellule.

« Mais vous n'êtes donc pas un chrétien ? dit-il en se redressant sur les genoux ; vous voulez assassiner un homme qui est votre frère devant Dieu ? Oh ! mes amis d'autrefois, mes amis d'autrefois ! » murmura-t-il.

Et il tomba la face contre terre.

Puis, se relevant avec une espèce de désespoir :

« Le chef ! cria-t-il, le chef !

– Me voilà ! dit Vampa [2], paraissant tout à coup ; que désirez-vous encore ?

– Prenez mon dernier or, balbutia Danglars en tendant son portefeuille, et laissez-moi vivre ici, dans cette caverne ; je ne demande plus la liberté, je ne demande qu'à vivre.

– Vous souffrez donc bien ? demanda Vampa.

---

**1.** Napoléon Bonaparte était alors sur le point de reprendre le pouvoir pour cent jours : le jour de l'arrestation de Dantès, il quitte l'île d'Elbe où il avait été exilé en 1814 et commence sa remontée vers Paris.

**2.** ***Vampa*** : personnage de bandit qui obéit aux ordres de Monte-Cristo.

– Oh ! oui, je souffre, et cruellement !

– Il y a cependant des hommes qui ont encore plus souffert que vous.

– Je ne crois pas.

– Si fait ! ceux qui sont morts de faim [1]. »

Danglars songea à ce vieillard que, pendant ses heures d'hallucination, il voyait, à travers les fenêtres de sa pauvre chambre, gémir sur son lit.

Il frappa du front la terre en poussant un gémissement.

« Oui, c'est vrai, il y en a qui ont plus souffert encore que moi, mais au moins, ceux-là c'étaient des martyrs.

– Vous repentez-vous [2], au moins ? » dit une voix sombre et solennelle, qui fit dresser les cheveux sur la tête de Danglars.

Son regard affaibli essaya de distinguer les objets, et il vit derrière le bandit un homme enveloppé d'un manteau et perdu dans l'ombre d'un pilastre [3] de pierre.

« De quoi faut-il que je me repente ? balbutia Danglars.

– Du mal que vous avez fait, dit la même voix.

– Oh ! oui, je me repens ! je me repens ! » s'écria Danglars.

Et il frappa sa poitrine de son poing amaigri.

« Alors je vous pardonne, dit l'homme en jetant son manteau et en faisant un pas pour se placer dans la lumière.

– Le comte de Monte-Cristo ! dit Danglars, plus pâle de terreur qu'il ne l'était, un instant auparavant, de faim et de misère.

– Vous vous trompez ; je ne suis pas le comte de Monte-Cristo.

– Et qui êtes-vous donc ?

– Je suis celui que vous avez vendu, livré, déshonoré ; je suis celui dont vous avez prostitué la fiancée ; je suis celui sur lequel

---

**1.** ***Ceux qui sont morts de faim*** : allusion aux occupants des hospices dont Danglars a détourné l'argent.

**2.** ***Vous repentez-vous ?*** : regrettez-vous ?

**3.** ***Un pilastre*** : une colonne.

vous avez marché pour vous hausser jusqu'à la fortune ; je suis celui dont vous avez fait mourir le père de faim, qui vous avait condamné à mourir de faim, et qui cependant vous pardonne, parce qu'il a besoin lui-même d'être pardonné, je suis Edmond Dantès ! »

Danglars ne poussa qu'un cri, et tomba prosterné.

« Relevez-vous, dit le comte, vous avez la vie sauve ; pareille fortune[1] n'est pas arrivée à vos deux autres complices : l'un est fou, l'autre est mort ! Gardez les cinquante mille francs qui vous restent, je vous en fais don ; quant à vos cinq millions volés aux hospices, ils leur sont déjà restitués par une main inconnue. Et maintenant, mangez et buvez ; ce soir je vous fais mon hôte. Vampa, quand cet homme sera rassasié, il sera libre. »

Danglars demeura prosterné tandis que le comte s'éloignait ; lorsqu'il releva la tête, il ne vit plus qu'une espèce d'ombre qui disparaissait dans le corridor, et devant laquelle s'inclinaient les bandits.

Comme l'avait ordonné le comte, Danglars fut servi par Vampa, qui lui fit apporter le meilleur vin et les plus beaux fruits de l'Italie, et qui, l'ayant fait monter dans sa chaise de poste, l'abandonna sur la route, adossé à un arbre.

Il y resta jusqu'au jour, ignorant où il était.

Au jour, il s'aperçut qu'il était près d'un ruisseau : il avait soif, il se traîna jusqu'à lui.

En se baissant pour y boire, il s'aperçut que ses cheveux étaient devenus blancs.

Dumas, *Le Comte de Monte-Cristo*, éd. Caecilia Pieri, Flammarion, coll. « Étonnants Classiques », 2007, chap. 45, p. 390-391.

---

**1.** ***Fortune*** : voir note 3, p. 46.

# 4. L'époque contemporaine : le héros réinventé?

À l'époque contemporaine, le héros connaît encore de nouvelles métamorphoses. Le début du XX$^e$ siècle voit émerger les super-héros des *comics* (bandes dessinées américaines) aux capacités surhumaines et à l'identité souvent secrète (ils évoluent masqués ou costumés), héritiers des héros des romans-feuilletons du XIX$^e$ siècle, comme le comte de Monte-Cristo (p. 105). De son côté, l'écrivain Maurice Leblanc imagine, dans le genre romanesque, un personnage de gentleman-cambrioleur, Arsène Lupin, sorte de justicier des temps modernes, héros récurrent d'un cycle développant de multiples aventures (p. 110).
Les guerres mondiales modifient la donne, interrogeant la possibilité même de l'héroïsme pour notre société. Si Kessel glorifie le soldat au combat (p. 115), Camus, à travers son personnage Meursault (p. 121), et Céline, à travers Bardamu (p. 119), s'attachent à la manière de représenter des antihéros.
C'est en tournant le dos à la veine réaliste que certains auteurs donnent naissance à une forme d'héroïsme renouant avec le ton épique des origines. Ils recourent aux genres dits « de l'imaginaire », lesquels ont de nombreuses connexions avec le cinéma. Parmi eux, se trouve la science-fiction, qui ne décrit pas le monde que nous connaissons à la manière des auteurs réalistes mais imagine l'avenir à plus ou moins long terme, où les changements intervenus sont expliqués par le progrès scientifique.

La science-fiction diffère à la fois du fantastique, qui repose sur un certain nombre d'éléments inexplicables, et de la *fantasy*, fondée principalement sur la magie ; elle présente des univers merveilleux souvent peuplés de créatures surnaturelles ; on la retrouve dans *Le Seigneur des anneaux* (p. 125), dans les récritures du mythe arthurien (Dossier, p. 148) ou dans la série *Game of Thrones*.

## Leblanc, *L'Aiguille creuse* (1909)

Maurice Leblanc (1864-1941) a écrit de nombreux romans mettant en scène Arsène Lupin, le gentleman-cambrioleur. Le héros emprunte les traits d'un hors-la-loi qui se moque de la police, incarnée par l'inspecteur Ganimard. Au jeune lycéen surdoué et détective amateur Beautrelet qui a mené l'enquête pour le trouver, il montre ici le trésor qu'il a rassemblé dans son repaire, l'Aiguille creuse d'Étretat : le coffre-fort des rois de France... La police n'est pas loin.

### Arsène Lupin, le plus grand des voleurs

En bas, le bruit se précisait. C'étaient des coups sourds qui se répétaient à intervalles égaux. Beautrelet pensa :

« Ganimard a perdu patience, et il brise les portes. »

Très calme, et comme si, véritablement, il n'eût pas entendu, Lupin reprit :

« Par exemple, rudement endommagée, l'Aiguille, quand j'ai réussi à la découvrir ! On voyait bien que nul n'avait possédé le secret depuis un siècle, depuis Louis XVI et la Révolution. Le tunnel menaçait ruine. Les escaliers s'effritaient. L'eau coulait à l'intérieur. Il m'a fallu étayer [1], consolider, reconstruire. »

Beautrelet ne put s'empêcher de dire :

« À votre arrivée, était-ce vide ?

1. ***Étayer*** : renforcer.

– À peu près. Les rois n'ont pas dû utiliser l'Aiguille, ainsi que je l'ai fait, comme entrepôt…

– Comme refuge, alors ?

– Oui, sans doute, au temps des invasions, au temps des guerres civiles, également. Mais sa véritable destination, ce fut d'être… comment dirai-je ? le coffre-fort des rois de France. »

Les coups redoublaient, moins sourds maintenant. Ganimard avait dû briser la première porte, et il s'attaquait à la seconde.

Un silence, puis d'autres coups plus rapprochés encore. C'était la troisième porte. Il en restait deux.

Par une des fenêtres, Beautrelet aperçut les barques qui cinglaient autour de l'Aiguille, et, non loin, flottant comme un gros poisson noir, le torpilleur.

« Quel vacarme ! s'exclama Lupin, on ne s'entend pas ! Montons, veux-tu ? Peut-être cela t'intéressera-t-il de visiter l'Aiguille. » […].

Ils montèrent encore et Beautrelet vit la salle des horloges et des pendules, la salle des livres (oh ! les magnifiques reliures, et les volumes précieux introuvables, uniques exemplaires dérobés aux grandes bibliothèques !), la salle des dentelles, la salle des bibelots.

Et, chaque fois, le cercle de la salle diminuait[1]. Et, chaque fois, maintenant, le bruit des coups s'éloignait. Ganimard perdait du terrain.

« La dernière, dit Lupin, la salle du trésor. »

Celle-ci était toute différente. Ronde, aussi, mais très haute, de forme conique, elle occupait le sommet de l'édifice, et sa base devait se trouver à quinze ou vingt mètres de la pointe extrême de l'Aiguille.

Du côté de la falaise, point de lucarne mais, du côté de la mer, comme nul regard indiscret n'était à craindre, deux baies

---

**1.** Les deux hommes montent d'étage en étage dans le repaire d'Arsène Lupin en forme d'aiguille rocheuse ; la superficie des étages va diminuant au fil de leur ascension.

vitrées s'ouvraient, par où la lumière entrait abondamment. Le sol était couvert d'un plancher de bois rare, à dessins concentriques. Contre les murs, des vitrines, quelques tableaux.

« Les perles de mes collections », dit Lupin [...].

Le jeune homme demanda :

« Et le trésor ?

– Ah ! petit, c'est cela, surtout, qui t'intéresse ! Tous ces chefs-d'œuvre de l'art humain, n'est-ce pas ? ça ne vaut pas, pour ta curiosité, la contemplation du trésor... Et toute la foule sera comme toi !... Allons, sois satisfait ! »

Il frappa violemment du pied, fit ainsi basculer un des disques qui composaient le parquet, et, le soulevant comme le couvercle d'une boîte, il découvrit une sorte de cuve, toute ronde, creusée à même le roc. Elle était vide. Un peu plus loin, il exécuta la même manœuvre. Une autre cuve apparut. Vide également. Trois fois encore, il recommença. Les trois autres cuves étaient vides.

« Hein ! ricana Lupin, quelle déception ! Sous Louis XI, sous Henri IV, sous Richelieu, les cinq cuves devaient être pleines. Mais, pense donc à Louis XIV, à la folie de Versailles, aux guerres, aux grands désastres du règne ! Et pense à Louis XV, le roi prodigue, à la Pompadour, à la Du Barry [1] ! Ce qu'on a dû puiser alors ! Avec quels ongles crochus on a dû gratter la pierre ! Tu vois, plus rien... »

Il s'arrêta :

« Si, Beautrelet, quelque chose encore, la sixième cachette ! Intangible, celle-là... Nul d'entre eux n'osa jamais y toucher. C'était la ressource suprême... disons le mot, la poire pour la soif [2]. Regarde, Beautrelet. »

---

**1.** La ***marquise de Pompadour*** (1721-1764) et la ***comtesse Du Barry*** (1743-1793) furent les maîtresses du roi Louis XV.

**2.** ***La poire pour la soif*** : l'ultime réserve en cas de besoin extrême.

Il se baissa et souleva le couvercle. Un coffret de fer emplissait la cuve. Lupin sortit de sa poche une clef à gorge et à rainures compliquées, et il ouvrit.

Ce fut un éblouissement. Toutes les pierres précieuses étincelaient, toutes les couleurs flamboyaient, l'azur des saphirs, le feu des rubis, le vert des émeraudes, le soleil des topazes.

« Regarde, regarde, petit Beautrelet. Ils ont dévoré toute la monnaie d'or, toute la monnaie d'argent, tous les écus, et tous les ducats, et tous les doublons, mais le coffre des pierres précieuses est intact ! Regarde les montures. Il y en a de toutes les époques, de tous les siècles, de tous les pays. Les dots des reines sont là. Chacune apporta sa part, Marguerite d'Écosse et Charlotte de Savoie, Marie d'Angleterre et Catherine de Médicis, et toutes les archiduchesses d'Autriche, Éléonore, Élisabeth, Marie-Thérèse, Marie-Antoinette [1]... Regarde ces perles, Beautrelet ! et ces diamants ! l'énormité de ces diamants ! Aucun d'eux qui ne soit digne d'une impératrice ! Le Régent de France n'est pas plus beau ! »

Il se releva et tendit la main en signe de serment :

« Beautrelet, tu diras à l'univers que Lupin n'a pas pris une seule des pierres qui se trouvaient dans le coffre royal, pas une seule, je le jure sur l'honneur ! Je n'en avais pas le droit. C'était la fortune de la France... »

En bas, Ganimard se hâtait. À la répercussion des coups, il était facile de juger que l'on attaquait l'avant-dernière porte, celle qui donnait accès à la salle des bibelots.

---

1. ***Marguerite d'Écosse*** (1424-1445) et ***Charlotte de Savoie*** (1441-1483) furent les épouses de Louis XI ; ***Marie d'Angleterre*** (1516-1558) fut promise à Henri II et ***Catherine de Médicis*** (1519-1589) épousa ce même roi ; ***Éléonore d'Autriche*** (1498-1558) fut l'épouse de François I^er^ ; ***Élisabeth d'Autriche*** (1554-1592) fut l'épouse de Charles IX, ***Marie-Thérèse d'Autriche*** (1638-1683) de Louis XIV, ***Marie-Antoinette d'Autriche*** (1755-1793) de Louis XVI.

« Laissons le coffre ouvert, dit Lupin, et toutes les cuves aussi, tous ces petits sépulcres [1] vides... »

Il fit le tour de la pièce, examina certaines vitrines, contempla certains tableaux et, se promenant d'un air pensif :

« Comme c'est triste de quitter tout cela ! Quel déchirement ! Mes plus belles heures, je les ai passées ici, seul en face des objets que j'aimais... Et mes yeux ne les verront plus, et mes mains ne les toucheront plus. »

Il y avait sur son visage contracté une telle expression de lassitude que Beautrelet en éprouva une pitié confuse. La douleur, chez cet homme, devait prendre des proportions plus grandes que chez un autre, de même que la joie, de même que l'orgueil ou l'humiliation.

Près de la fenêtre, maintenant, et le doigt tendu vers l'horizon, il disait :

« Ce qui est plus triste encore, c'est cela, tout cela qu'il me faut abandonner. Est-ce beau ? la mer immense... le ciel... À droite et à gauche les falaises d'Étretat, avec leurs trois portes, la porte d'Amont, la porte d'Aval, la Manneporte... autant d'arcs de triomphe pour le maître... Et le maître c'était moi ! Roi de l'aventure ! Roi de l'Aiguille creuse ! Royaume étrange et surnaturel ! de César à Lupin... Quelle destinée ! »

Il éclata de rire.

Maurice Leblanc, *L'Aiguille creuse*, éd. Fabien Clavel, Flammarion, coll. « Étonnants Classiques », 2012, chap. 10, p. 228-238.

## Kessel, *L'Équipage* (1923)

Joseph Kessel (1898-1979) a servi dans l'aviation pendant la Première Guerre mondiale. S'inspirant de ses souvenirs, il écrit le roman

1. ***Sépulcres*** : tombeaux.

*L'Équipage*, qui retrace la vie des membres d'une escadrille d'information. Les pilotes, véritables « chevaliers du ciel », apparaissent comme une élite parmi les combattants, portant haut la loyauté, le courage, le goût de l'exploit... autant de valeurs qui confèrent au récit une tonalité épique.
Jean Herbillon est un jeune homme qui s'est engagé dans l'aviation. L'extrait qui suit montre son initiation, sous les ordres du capitaine Thélis. Si l'ironie de la narration met ici à mal le rêve d'héroïsme de la jeune recrue, elle révèle en creux la profonde maîtrise du reste de l'équipage.

## Un héros de guerre

Sur le terrain, cinq avions vibraient. La voix monstrueuse des moteurs effaroucha la douceur du matin naissant. Autour d'eux l'air palpitait. Le ciel avait cette tendresse de fleur qu'il a seulement aux minutes où le soleil le touche de ses plus jeunes rayons. Les mécaniciens chantaient, les hélices bourdonnaient comme ivres de leur puissance.

Herbillon oublia tout pour goûter le bonheur d'être sain [1], d'être fort et de s'élever dans l'azur en même temps que l'aurore.

L'appareil du capitaine prit le premier de la hauteur et Jean vit monter vers lui, comme des fusées brunes, les camarades. Puis le groupe, formé en triangle, se dirigea vers les lignes.

L'ivresse du vol était encore neuve pour Herbillon. La respiration géante du moteur, le tourbillon de l'hélice, le vent furieux, tout cela l'étourdissait d'une vaste et brutale symphonie dont il commençait seulement à pénétrer [2] les voix diverses.

Une indicible fierté gonflait sa poitrine de planer ainsi dans la solitude du ciel, de voir le bloc rouge du soleil bondir à l'horizon et d'aller en chasseur vers les lignes ennemies.

1. ***Sain*** : en bonne santé.
2. ***Pénétrer*** : comprendre.

Pour achever son bonheur il aurait fallu ce combat que cherchait le capitaine, le crépitement des mitrailleuses, et, il en avait la certitude, l'orgueil de la victoire. Anxieusement, il scruta l'espace dans l'espoir d'y voir surgir des ailes aux croix noires[1].

Ce fut en vain. Ils croisaient[2] depuis longtemps et le ciel d'une pureté de pierre précieuse était toujours vide. Sans doute cette reconnaissance[3] se terminerait aussi paisiblement, aussi platement que ses autres missions.

Pour oublier son dépit il s'absorba dans la contemplation du paysage, essayant de démêler dans le lacis[4] des boyaux, où les rayons obliques du soleil montant commençaient à verser des coulées mauves, ceux que le capitaine lui avait dit de retenir pour de futurs réglages. Mais ses yeux encore mal exercés n'arrivaient point à établir entre les lignes adverses une frontière fixe.

Il y travaillait avec ardeur lorsqu'une dure secousse le jeta contre le bord de sa carlingue[5]. L'avion piquait, précédé d'une traînée rouge.

« Le capitaine fait un carton sur les tranchées allemandes », pensa Herbillon.

Maintenant l'appareil virait perpendiculairement, se redressait, montait d'un élan brutal, piquait encore, ballottait furieusement Herbillon en tous sens, meurtrissait ses épaules contre la tourelle.

L'aspirant, habitué à ce que Thélis jouât ainsi avec lui, supportait d'un cœur paisible cette voltige aérienne.

---

**1.** Jusqu'en 1918, tous les avions allemands portent l'insigne de la croix de fer, croix noire aux pointes élargies. C'est le symbole de la bravoure militaire.

**2.** ***Croisaient*** : volaient.

**3.** ***Cette reconnaissance*** : cette mission de reconnaissance, mission qui consiste à explorer des lieux inconnus pour recueillir des informations en vue de préparer des attaques ou des manœuvres de défense futures.

**4.** ***Lacis*** : réseau de lignes entrelacées.

**5.** ***Carlingue*** : partie du fuselage d'un avion où se trouve le poste de pilotage.

Enfin l'appareil reprit son équilibre et le capitaine, tournant vers Herbillon un visage joyeux, lui montra un point derrière la queue du biplan[1].

Jean ne remarqua rien sauf que tous les avions d'accompagnement s'étaient évanouis. Il crut que le capitaine lui demandait s'il n'avait pas peur de continuer la reconnaissance sans escorte et fit un geste d'insouciance.

Cependant cette disparition subite le laissa pensif.

« Il est peut-être arrivé quelque chose aux camarades, songea-t-il, tandis que le capitaine s'amusait à me faire danser. »

Et il conclut :

« Il faudra que je lui demande de ne plus plaisanter de la sorte. Il m'empêche d'observer. »

À ce moment précis, Thélis inclina fortement l'appareil et Jean aperçut, beaucoup plus bas, un avion qui semblait glisser vers l'arrière-front allemand. Son cœur battit.

« Un *Fokker*[2] ! »

D'un vigoureux élan il fit basculer sa tourelle et, ses mitrailleuses pointées sur l'ennemi, tira. Les balles encadrèrent d'assez près l'avion, mais un nouveau virage de Thélis le mit hors de vue.

« S'il m'avait laissé continuer, pensa Herbillon avec désespoir, je l'aurais descendu. »

Quand le capitaine atterrit, trois appareils étaient déjà sur le terrain. Aussitôt qu'ils furent hors de leurs carlingues, Thélis dit à Herbillon :

« Eh bien, vous êtes content, vous l'avez, votre combat ? »

L'aspirant, songeant aux quelques rafales qu'il avait lâchées, répondit :

« Ce n'est pas un combat, ce n'est rien du tout. »

Le capitaine le contempla avec une sincère admiration.

---

1. ***Du biplan*** : de l'avion.
2. ***Fokker*** : avion allemand.

« Compliments, le bleu[1] ! Sept avions à nos trousses et un descendu, cela ne vous suffit point ! »

Une vague inquiétude s'insinua dans l'esprit de Jean, qui l'empêcha de répondre.

Le capitaine, vraiment, ne paraissait pas plaisanter. D'ailleurs, les autres équipages s'approchaient et l'aspirant entendit Brûlard crier :

« On l'a eu, n'est-ce pas, mon capitaine ?

– Oui, dit Thélis. C'est Neuville et Virense qui l'ont abattu. »

Herbillon, frappé de stupeur, n'arrivait point à comprendre son infortune[2]. Ainsi les acrobaties du capitaine, loin d'être une brimade[3], avaient été des mouvements de lutte, ainsi les camarades égaillés[4] sous l'attaque brusque avaient fait un travail glorieux et lui, absorbé par le paysage, incapable d'observer dans la danse des appareils, il n'avait rien vu.

Une bouffée de honte lui rougit le visage, mais comme il n'avait pas encore enlevé son passe-montagne, on ne s'aperçut de rien.

Surmontant son malaise, il allait se mêler à la conversation quand le dernier appareil du groupe vint rouler sur le terrain. Le *toubib*[5] en jaillit et courut vers les officiers assemblés près des hangars. Une fureur comique tordait ses lèvres. Dès qu'il fut auprès d'eux, il cria :

« Quel est l'animal parmi vous qui a failli me descendre ? »

Personne ne répondit, mais Herbillon se sentit près de défaillir[6]. Il ne lui restait même plus la consolation d'avoir effrayé un ennemi ; il avait tiré sur un camarade.

---

1. ***Bleu*** : nouvelle recrue.
2. ***Son infortune*** : sa malchance.
3. ***Brimade*** : épreuve humiliante, bizutage.
4. ***Égaillés*** : dispersés.
5. ***Toubib*** : médecin (mot arabe).
6. ***Défaillir*** : s'évanouir.

Cependant, le capitaine le montrait à tous en disant :

« Un fier cran [1], notre Herbillon. Le coup était dur, il n'a pas bronché. »

Kessel, *L'Équipage*, © Gallimard, 1969 ; rééd. Flammarion, coll. « Étonnants Classiques », 2014, p. 122-125.

## Céline, *Voyage au bout de la nuit* (1932)

Ferdinand Bardamu se trouve projeté dans la Première Guerre mondiale. Au lieu de devenir un héros sur le champ de bataille, il se définit comme un lâche et affirme que la guerre, loin de créer l'héroïsme, suscite en fait la barbarie. L'expérience que l'auteur (Louis-Ferdinand Destouches, dit Louis-Ferdinand Céline, 1894-1961) a faite de la guerre a pu influencer la vaste mise en question de l'héroïsme qu'il propose dans son roman...

### Bardamu, un lâche

Moi d'abord la campagne, faut que je le dise tout de suite, j'ai jamais pu la sentir, je l'ai toujours trouvée triste, avec ses bourbiers [2] qui n'en finissent pas, ses maisons où les gens n'y sont jamais et ses chemins qui ne vont nulle part. Mais quand on y ajoute la guerre en plus, c'est à pas y tenir. Le vent s'était levé, brutal, de chaque côté des talus [3], les peupliers mêlaient leurs rafales de feuilles aux petits bruits secs qui venaient de là-bas sur nous. Ces soldats inconnus nous rataient sans cesse, mais tout en nous entourant de mille morts, on s'en trouvait comme habillés. Je n'osais plus remuer.

Ce colonel, c'était donc un monstre ! À présent, j'en étais assuré, pire qu'un chien, il n'imaginait pas son trépas ! Je conçus

1. ***Cran*** : courage.
2. ***Bourbiers*** : creux remplis de boue.
3. ***Talus*** : murs construits en mottes de terre.

en même temps qu'il devait y en avoir beaucoup des comme lui dans notre armée, des braves, et puis tout autant sans doute dans l'armée d'en face. Qui savait combien ? Un, deux, plusieurs millions peut-être en tout ? Dès lors ma frousse devint panique. Avec des êtres semblables, cette imbécillité infernale pouvait continuer indéfiniment... Pourquoi s'arrêteraient-ils ? Jamais je n'avais senti plus implacable la sentence [1] des hommes et des choses.

Serais-je donc le seul lâche sur la terre ? pensais-je. Et avec quel effroi !... Perdu parmi deux millions de fous héroïques et déchaînés et armés jusqu'aux cheveux ? Avec casques, sans casques, sans chevaux, sur motos, hurlants, en autos, sifflants, tirailleurs, comploteurs, volants, à genoux, creusant, se défilant [2], caracolant [3] dans les sentiers, pétaradant, enfermés sur la terre comme dans un cabanon, pour y tout détruire, Allemagne, France et continents, tout ce qui respire, détruire, plus enragés que les chiens, adorant leur rage (ce que les chiens ne font pas), cent, mille fois plus enragés que mille chiens et tellement plus vicieux ! Nous étions jolis ! Décidément, je le concevais, je m'étais embarqué dans une croisade apocalyptique [4].

On est puceau de l'Horreur comme on l'est de la volupté. Comment aurais-je pu me douter moi de cette horreur en quittant la place Clichy ? Qui aurait pu prévoir avant d'entrer vraiment dans la guerre, tout ce que contenait la sale âme héroïque et fainéante [5] des hommes ? À présent, j'étais pris dans cette fuite en masse, vers le meurtre en commun, vers le feu... Ça venait des profondeurs et c'était arrivé.

Céline, *Voyage au bout de la nuit*,


---

**1.** ***La sentence*** : le jugement.
**2.** ***Se défilant*** : ici, se cachant pour se mettre à l'abri du feu de l'ennemi.
**3.** ***Caracolant*** : faisant virevolter leur cheval.
**4.** ***Une croisade apocalyptique*** : une quête guerrière chaotique.
**5.** ***Fainéante*** : paresseuse.

## Camus, *L'Étranger* (1942)

Dans *L'Étranger,* l'écrivain Albert Camus (1913-1960) donne à lire l'histoire de Meursault, un personnage qui paraît indifférent à sa propre vie : les événements qui le touchent se succèdent d'une manière dépourvue de sens – une façon pour Camus d'illustrer le fait que l'héroïsme est impossible car les hommes ne peuvent même pas décider de leur propre existence. Le roman s'ouvre alors que Meursault perd sa mère : il ne ressent rien et continue sa vie. Son voisin à Alger, Raymond Salamano, un délinquant, l'entraîne dans les conflits qui l'opposent à un Arabe dont il ne connaît pas le nom. Après avoir erré sur la plage, armé du revolver que lui a confié Salamano, Meursault se retrouve face à cet homme. Son existence prend alors un tour imprévisible...

### Un meurtre absurde

J'ai marché longtemps.

Je voyais de loin la petite masse sombre du rocher entourée d'un halo[1] aveuglant par la lumière et la poussière de mer. Je pensais à la source fraîche derrière le rocher. J'avais envie de retrouver le murmure de son eau, envie de fuir le soleil, l'effort et les pleurs de femme, envie de retrouver l'ombre et son repos. Mais quand j'ai été plus près, j'ai vu que le type de Raymond était revenu.

Il était seul. Il reposait sur le dos, les mains sous la nuque, le front dans les ombres du rocher, tout le corps au soleil. Son bleu de chauffe[2] fumait dans la chaleur. J'ai été un peu surpris. Pour moi, c'était une histoire finie et j'étais venu là sans y penser.

Dès qu'il m'a vu, il s'est soulevé un peu et a mis la main dans sa poche. Moi, naturellement, j'ai serré le revolver de Raymond

1. ***Halo*** : auréole lumineuse autour d'un objet éclairé.

2. ***Son bleu de chauffe*** : sa combinaison de travailleur manuel en toile bleue.

dans mon veston. Alors de nouveau, il s'est laissé aller en arrière, mais sans retirer la main de sa poche. J'étais assez loin de lui, à une dizaine de mètres. Je devinais son regard par instants, entre ses paupières mi-closes. Mais le plus souvent, son image dansait devant mes yeux, dans l'air enflammé. Le bruit des vagues était encore plus paresseux, plus étale[1] qu'à midi. C'était le même soleil, la même lumière sur le même sable qui se prolongeait ici. Il y avait déjà deux heures que la journée n'avançait plus, deux heures qu'elle avait jeté l'ancre dans un océan de métal bouillant. À l'horizon, un petit vapeur[2] est passé et j'en ai deviné la tache noire au bord de mon regard, parce que je n'avais pas cessé de regarder l'Arabe.

J'ai pensé que je n'avais qu'un demi-tour à faire et ce serait fini. Mais toute une plage vibrante de soleil se pressait derrière moi. J'ai fait quelques pas vers la source. L'Arabe n'a pas bougé. Malgré tout, il était encore assez loin. Peut-être à cause des ombres sur son visage, il avait l'air de rire. J'ai attendu. La brûlure du soleil gagnait mes joues et j'ai senti des gouttes de sueur s'amasser dans mes sourcils. C'était le même soleil que le jour où j'avais enterré maman et, comme alors, le front surtout me faisait mal et toutes ses veines battaient ensemble sous la peau. À cause de cette brûlure que je ne pouvais plus supporter, j'ai fait un mouvement en avant. Je savais que c'était stupide, que je ne me débarrasserais pas du soleil en me déplaçant d'un pas. Mais j'ai fait un pas, un seul pas en avant. Et cette fois, sans se soulever, l'Arabe a tiré son couteau qu'il m'a présenté dans le soleil. La lumière a giclé sur l'acier et c'était comme une longue lame étincelante qui m'atteignait au front. Au même instant, la sueur amassée dans mes sourcils a coulé d'un coup sur les paupières et les a recouvertes d'un voile tiède et épais. Mes yeux

---

1. ***Étale*** : immobile.
2. ***Un petit vapeur*** : un petit bateau à vapeur.

étaient aveuglés derrière ce rideau de larmes et de sel. Je ne sentais plus que les cymbales du soleil sur mon front et, indistinctement, le glaive éclatant jailli du couteau toujours en face de moi. Cette épée brûlante rongeait mes cils et fouillait mes yeux douloureux. C'est alors que tout a vacillé. La mer a charrié[1] un souffle épais et ardent. Il m'a semblé que le ciel s'ouvrait sur toute son étendue pour laisser pleuvoir du feu. Tout mon être s'est tendu et j'ai crispé ma main sur le revolver. La gâchette a cédé, j'ai touché le ventre poli de la crosse et c'est là, dans le bruit à la fois sec et assourdissant, que tout a commencé. J'ai secoué la sueur et le soleil. J'ai compris que j'avais détruit l'équilibre du jour, le silence exceptionnel d'une plage où j'avais été heureux. Alors, j'ai tiré encore quatre fois sur un corps inerte où les balles s'enfonçaient sans qu'il y parût. Et c'était comme quatre coups brefs que je frappais sur la porte du malheur.

Camus, *L'Étranger*, © Gallimard, coll. « Bibliothèque de la Pléiade », 1962, première partie, chap. 6, p. 1167-1168.

## Pierre Bordage, *Les Guerriers du silence* (1993)

Dans un avenir lointain, Shari est l'un des douze guerriers du silence dont le destin est de combattre les Scaythes d'Hyponéros, de mystérieux humanoïdes télépathes qui cherchent à détruire l'univers. Shari vient de retrouver son amour et son fils, mais ces derniers sont pourchassés par de dangereux assassins fanatiques, les mercenaires de Pritiv. Il les affronte dans une aristie[2] épique.

### Une aristie de science-fiction

Shari sentit tout à coup s'insinuer en lui une force inconnue, une énergie animale qui établissait une relation claire, directe,

1. ***La mer a charrié*** : la mer a apporté.
2. ***Aristie*** : voir note 1, p. 34.

entre le cerveau et les muscles, qui accroissait ses forces, augmentait son acuité visuelle et diminuait son temps de réaction. L'espace de quelques secondes, il eut l'impression de quitter son corps d'homme, d'habiter un organisme allongé, sinueux, de se faufiler dans d'étroites et sombres galeries, de ramper sous l'œil empourpré d'une étoile naine et l'œil turquoise d'une géante bleue.

Il voyait, il entendait, il ressentait comme un serpent de corail[1]. [...]

Shari (ou l'instinct du serpent qui vivait à l'intérieur de lui) estima qu'il ne fallait pas leur laisser le temps de se réorganiser, de reprendre leurs esprits. Il se dirigea à grands pas vers l'ouverture béante. Il se mouvait à une vitesse étonnante, déroutante, presque effrayante pour sa raison humaine. Ce type de déplacement n'avait rien à voir avec le transfert par la pensée, qui était un éblouissement immatériel et bref, il proposait une autre vision de l'espace et du temps, une autre façon d'aborder la matière.

Les mercenaires paraissaient effectuer leurs mouvements au ralenti. Ils se redressaient, l'air étonné, tendaient le bras, pressaient la détente greffée dans le creux de leur paume. Trois ou quatre fois plus rapide que ses adversaires, Shari esquivait les disques avec une facilité déconcertante, même lorsque plusieurs volaient simultanément dans sa direction. Son flair d'une sensibilité extraordinaire captait différentes odeurs… des odeurs de chair carbonisée, des odeurs de peur, de lointains effluves de sang. [...]

Il avait sauté par-dessus le canon désintégrant et, au vol, avait ouvert le feu sur les deux mercenaires accroupis près du socle. Puis il s'était reçu en souplesse sur le sol, s'était retourné, avait évité trois disques d'un pas sur le côté et lâché une rafale en

1. ***Serpent de corail*** : serpent géant qui habite dans le corail.

direction de l'ovate[1]. Ce dernier s'était affaissé silencieusement, les mains crispées sur son ventre.

Pierre Bordage, *Les Guerriers du silence*, t. III *La Citadelle Hyponéros*, Nantes, © Atalante, 1995, p. 501-507.

## Tolkien, *Le Seigneur des anneaux* (1955)

À travers son roman somme, *Le Seigneur des anneaux*, Tolkien (1892-1973) renoue avec le ton des grandes épopées, mettant en scène l'affrontement des forces du bien contre celles du mal. Ici, Eowyn s'est travestie en homme pour participer à la bataille de Pelennor où les forces rassemblées des humains affrontent celles du Seigneur des Ténèbres, Sauron. Ces dernières sont dirigées par les Nazgûl, des êtres maléfiques.

Le roi Théoden, défenseur des humains et oncle d'Eowyn, est soudain attaqué par le Seigneur des Nazgûl, monté sur une horrible créature volante. Théoden est renversé, il tombe de son cheval qui l'écrase.

### Quand la *fantasy* renoue avec l'épopée des origines

Mais Théoden n'était pas livré entièrement à son sort. Les chevaliers de sa maison gisaient morts autour de lui, ou, dominés par la folie de leurs coursiers[2], se trouvaient emportés au loin. Mais l'un d'eux était encore sur pied : Dernhelm le jeune, loyal en dépit de toute peur ; et il pleurait, car il aimait son seigneur comme un père. Tout au long de la charge, Merry[3] s'était tenu derrière lui sans éprouver rien de fâcheux, jusqu'à la venue de

---

1. ***Ovate*** : prêtre.
2. ***Coursiers*** : chevaux rapides qu'on utilisait dans les batailles.
3. ***Merry*** : il s'agit de Meriadoc Brandibouc, un Hobbit, appelé aussi Semi-homme, qui possède une arme capable de blesser le Seigneur des Nazgûl.

l'Ombre[1] ; alors Windfola[2], dans son épouvante, les avait jetés bas, et courait éperdu sur la plaine. Merry rampait à quatre pattes comme une bête égarée, et son horreur était telle qu'il ne voyait plus. Il eut envie de vomir.

« Serviteur du roi ! Serviteur du roi ! lui implorait son cœur. Tu dois rester près de lui. "Vous serez pour moi comme un père", as-tu dit. » Mais sa volonté ne répondait pas, et son corps tremblait. Il n'osait pas ouvrir les yeux ni relever la tête.

C'est alors que, des ténèbres de son esprit, il crut entendre parler Dernhelm ; mais sa voix lui semblait étrange, à présent, et lui rappelait une autre voix qu'il avait connue.

« Arrière, vil[3] dwimmerlaik[4], seigneur de la charogne ! Laisse les morts en paix ! »

Une voix froide répondit : « Ne t'interpose pas entre le Nazgûl et sa proie ! Ou il ne te tuera pas à ton tour : il t'emmènera aux maisons de lamentation, au-delà de toutes ténèbres, où ta chair sera dévorée, et ton esprit desséché mis à nu devant l'Œil sans Paupière[5]. »

Une lame résonna, sortant du fourreau[6]. « Fais ce que tu veux ; mais je ferai tout pour l'entraver[7], si je peux. »

« M'entraver, moi ? Pauvre fou. Aucun homme vivant ne le peut ! »

Merry perçut alors, de tous les sons entendus en cette heure, le plus étrange. Il semblait que Dernhelm riait, et sa voix claire était comme un tintement d'acier. « Je suis en vie, mais non un homme ! Tu as devant toi une femme. Je suis Éowyn, fille d'Éomund. Tu te dresses entre moi et mon seigneur et parent.

---

1. ***L'Ombre*** : désigne ici le Seigneur de Nazgûl.
2. ***Windfola*** : cheval gris qui porte Merry et Eowyn sur son dos.
3. ***Vil*** : immonde.
4. ***Dwimmerlaik*** : terme mystérieux qu'on traduit parfois par « créature de sorcellerie ».
5. ***L'Œil sans Paupière*** : il s'agit de Sauron, le Seigneur des Ténèbres.
6. ***Fourreau*** : voir note 1, p. 52.
7. ***L'entraver*** : l'empêcher.

Va-t'en, si tu n'es pas immortel ! Car, vivant ou mort-vivant, je te frapperai si tu le touches. »

La créature ailée[1] cria après elle, mais le Spectre de l'Anneau[2] ne fit aucune réponse, et il se tint silencieux, comme soudain assailli d'un doute. Pendant un instant, la plus totale stupéfaction eut raison de la peur de Merry. Il ouvrit les yeux et constata que sa vue n'était plus obscurcie. La grande créature était ramassée à quelques pas de lui ; tout semblait noir autour d'elle, et le Seigneur des Nazgûl se dressait au-dessus, telle une ombre de désespoir. Un peu à gauche, leur faisant face, se tenait celle qu'il avait appelée Dernhelm. Mais le heaume[3] du secret était tombé de son front, et sa claire chevelure, délivrée de ses liens, versait un chatoiement[4] d'or pâle sur ses épaules. Ses yeux d'un gris de mer étaient durs et implacables, pourtant des larmes coulaient sur sa joue. Une épée luisait dans sa main, et son bouclier était levé contre l'horreur, l'horreur des yeux de son ennemi.

C'était Éowyn et en même temps Dernhelm. Car Merry revit en un éclair le visage qu'il avait remarqué au départ de Dunhart : le visage d'un désespéré, partant en quête de la mort. Son cœur s'emplit de pitié, d'émerveillement aussi ; et soudain s'éveilla en lui le lent courage de son espèce. Il serra le poing. Elle ne devait pas mourir, si belle, si désespérée ! Du moins elle ne mourrait pas seule, sans assistance.

La face de leur ennemi n'était pas tournée vers lui, mais il osait à peine bouger, craignant que le regard mortel ne se portât sur lui. Lentement, lentement il se traîna sur le côté ; mais le Noir Capitaine[5], son doute et sa malveillance tout entiers dirigés vers la femme devant lui, ne lui fit pas plus attention qu'à un ver rampant dans la boue.

---

1. ***La créature ailée*** : la bête qui sert de monture au chef des Nazgûl.
2. ***Le Spectre de l'Anneau*** : le chef des Nazgûl, qui est en train d'attaquer Théoden.
3. ***Heaume*** : voir note 3, p. 64.
4. ***Chatoiement*** : reflet changeant produit par la lumière.
5. ***Le Noir Capitaine*** : le chef des Nazgûl.

Soudain, la grande créature battit de ses horribles ailes, qui dégagèrent un vent fétide[1]. D'un bond, elle s'éleva de nouveau dans l'air et, avec un cri strident[2], se jeta sur Éowyn à grands coups de bec et de serres.

Mais toujours Éowyn restait impassible[3] : fille des Rohirrim[4], enfant des rois, mince comme un fil d'épée, belle mais terrible. Elle porta un rapide coup, sûr et mortel. Sa lame trancha le cou tendu, et la tête tomba comme une pierre. D'un bond elle recula, tandis que l'immense forme périclitait[5], ses vastes ailes déployées, s'écrasant sur la terre ; et lors de sa chute, l'ombre passa. Une lumière descendit sur Éowyn, et ses cheveux brillèrent dans le soleil levant.

Au milieu du naufrage se dressa le Cavalier Noir, haut et menaçant, bien au-dessus d'elle. Avec un hurlement de haine qui brûlait les oreilles comme du venin, il abattit sa masse. Le bouclier d'Éowyn vola en éclats, et son bras fut brisé ; elle tomba à genoux. Comme un nuage, il fondit sur elle, et ses yeux étincelèrent ; il leva sa masse pour tuer.

Mais soudain, lui aussi tomba en avant avec un cri d'atroce douleur, et son coup dévia de sa cible, se fichant dans le sol. L'épée de Merry l'avait frappé par-derrière, déchirant le manteau noir, et, montant sous le haubert[6], avait percé le tendon derrière son puissant genou.

« Éowyn ! Éowyn ! » cria Merry. Alors, chancelante, elle se releva avec peine, et de ses dernières forces, elle plongea son épée entre la couronne et le manteau tandis que les grandes épaules se penchaient sur elle. La lame jeta des étincelles et se brisa en maints

---

1. ***Fétide*** : nauséabond.
2. ***Strident*** : aigu.
3. ***Restait impassible*** : ne laissait paraître aucune émotion.
4. ***Rohirrim*** : nom du peuple de cavaliers auquel appartient Éowyn.
5. ***Périclitait*** : s'écrasait.
6. ***Haubert*** : voir note 2, p. 64.

fragments. La couronne roula sur le sol avec un bruit métallique. Éowyn tomba en avant sur la dépouille[1] de son adversaire. Mais voici ! manteau et haubert étaient vides. Ils gisaient sur le sol en une masse informe, chiffonnés et lacérés ; et un cri monta dans l'air frémissant, bientôt réduit à une plainte aiguë, emportée par le vent : une voix maigre et désincarnée[2] qui, noyée, s'éteignit, pour ne plus jamais être entendue au cours de cet âge du monde.

Tolkien, *Le Seigneur des Anneaux*, t. 3 : « Le Retour du Roi », trad. Daniel Lauzon, © Christian Bourgois éditeur, 2016, livre V, chap. 6.

## Les genres de l'imaginaire

Genre dont la définition est complexe, la science-fiction contient de nombreux sous-genres comme le *space opera* (qui se déroule dans l'espace et qui fait s'affronter de grands empires dans des guerres gigantesques – *Stars Wars* au cinéma – voir p. 130 – et *Les Guerriers du silence* de Bordage – p. 123 – en sont des illustrations), la dystopie (qui décrit des mondes où un pouvoir totalitaire s'est installé et où les héros luttent pour retrouver la liberté, telle Katniss dans *Hunger Games* – voir Cahier photos) ou le *cyberpunk* (qui décrit un monde légèrement futuriste où des multinationales ont pris le pouvoir et où des *hackers* – pirates informatiques – luttent pour conserver leur liberté). À cet égard, à l'écran, le cycle *Matrix* constitue une synthèse de ce dernier sous-genre, même si les opposants sont des robots.

---

1. ***Dépouille*** : cadavre.
2. ***Désincarnée*** : incorporelle.

■ Pendant longtemps, les héros présentés dans les fictions occidentales furent majoritairement des hommes blancs. Dans son épisode VII, *Le Réveil de la Force* (J. J. Abrams, 2015), la saga *Star Wars* se montre assez audacieuse pour proposer comme héros principaux une femme, Rey (Daisy Ridley), et un Stormtrooper (soldat de l'empire galactique) noir, Finn (John Boyega), qui se révolte contre sa condition.

# DOSSIER

# Avez-vous bien lu ?

## La trempe des héros

**1.** Retrouvez quels héros se cachent derrière les définitions suivantes :

**A.** Le poète Homère raconte dans l'*Odyssée* les exploits que j'ai accomplis pour rentrer dans mon île d'Ithaque après la guerre de Troie : qui suis-je ?

**B.** Je suis une femme et j'ai à cœur de défendre Rome contre les Étrusques : qui suis-je ?

**C.** Pleurant mon épouse décédée d'une morsure de serpent, je vais la chercher aux Enfers mais j'échoue à la ramener dans le monde des vivants : qui suis-je ?

**D.** Mon épée s'appelle Excalibur ; la soulever de son socle m'a permis de devenir le roi du pays de Logres : qui suis-je ?

**E.** Mon amour pour la reine Guenièvre ne connaît pas de limites. Pour la retrouver, j'accepte même l'épreuve de la charrette : qui suis-je ?

**F.** Frère de lait du roi Arthur, je fais souvent figure d'antihéros : qui suis-je ?

**2.** À votre tour de faire deviner les héros qui suivent. Ayez soin de formuler leur caractéristique principale ou le haut fait auquel ils sont chacun associés !

**G.** Penthésilée

**H.** David

**I.** Judith

**J.** Yvain

**K.** Don Quichotte

**L.** Le comte de Monte-Cristo

**M.** Arsène Lupin

**N.** Eowyn

# Le lexique épique

Cela ne fait aucun doute : les combats héroïques n'ont plus de secret pour vous ! Vous maîtrisez le vocabulaire qu'ils convoquent, ce défi est pour vous. Complétez la grille de mots croisés suivante en vous aidant de ces définitions :

**Horizontalement**

**1.** Originelle, elle n'est pas la seule à conter les exploits des héros.
**2.** Flèches.
**3.** Déloyal.
**4.** Partie de l'armure qui recouvre le buste.
**5.** Bouclier.
**6.** Courage.
**7.** Casque des chevaliers.

**Verticalement**

**A.** Courageux.
**B.** Chance, sort.
**C.** Tunique de maille d'un chevalier.
**D.** Qualité principale d'Ulysse.
**E.** Épée de Roland.
**F.** Selon Corneille, à vaincre sans lui, on triomphe sans gloire.

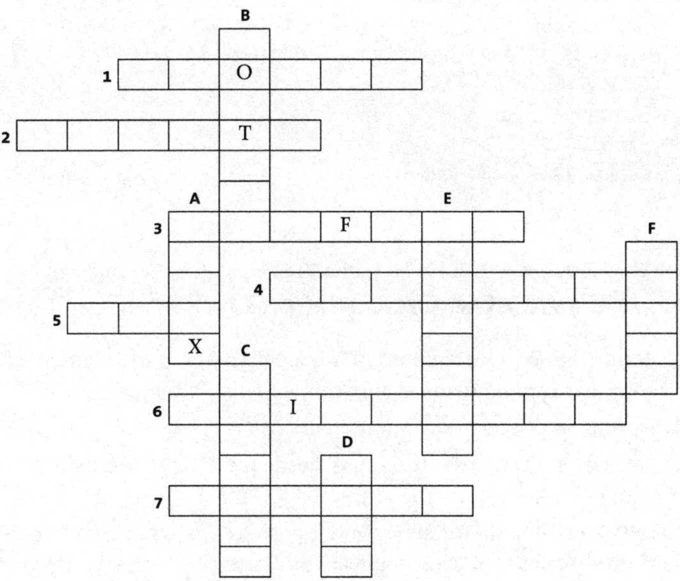

## La création du héros

À votre tour, créez votre propre héros ou héroïne ! Vous commencerez par faire son portrait physique et son portrait moral en insistant sur sa ou ses qualités extraordinaires. Vous mentionnerez également son défaut principal et l'objet qui le ou la caractérise. Vous raconterez ensuite son histoire selon le schéma narratif suivant :

– La situation initiale : son enfance difficile, loin de ses parents.
– L'élément perturbateur : les raisons de son départ pour l'aventure.
– Les péripéties : son apprentissage et les rencontres qu'il ou elle peut faire (futurs maître ou compagnons).
– L'élément de résolution : son combat final contre son ennemi ou contre le monstre.
– La situation finale : son retour chez les siens et la leçon qu'il ou elle a tirée de ses aventures.

# Microlectures

## MICROLECTURE N° 1 : Homère, « Ulysse et le Cyclope », p. 39

**1.** Retrouvez le mouvement du texte en étant particulièrement attentif aux compléments et aux connecteurs de temps.

**2.** En quoi le Cyclope est-il un monstre ?

**3.** Relevez toutes les ruses par lesquelles Ulysse parvient à triompher.

**4.** Ulysse est-il un héros entièrement positif dans cet extrait ? Justifiez votre réponse en vous appuyant sur le texte.

## MICROLECTURE N° 2 : Ovide, « Orphée aux Enfers », p. 58

**1.** Reconstituez le schéma narratif de cette histoire.

**2.** Quels sont les pouvoirs d'Orphée ?

**3.** Qu'apprenons-nous sur les Enfers de la mythologie gréco-romaine ?

**4.** Pourquoi Orphée échoue-t-il dans sa quête ?

## MICROLECTURE N° 3 : Chrétien de Troyes, « L'éducation de Perceval », p. 70

**1.** En quoi consiste l'éducation de Perceval par Gornemant de Gort ?

**2.** Par quelle cérémonie Perceval devient-il chevalier ? Comment se déroule-t-elle ?

**3.** Quelles instructions et quels conseils Gornemant de Gort donne-t-il à Perceval ?

**4.** Quelles valeurs morales le chevalier doit-il avant tout respecter ?

## MICROLECTURE N° 4 : Benoît de Sainte-Maure, « Penthésilée et les Amazones », p. 62

**1.** Après avoir lu attentivement les trois extraits de Benoît de Sainte-Maure relatifs aux Amazones, donnez un titre précis à chacun.

**2.** Dans le premier extrait, relevez tous les détails mentionnés par le narrateur sur « l'Amazonie » et le peuple des Amazones. En quoi ce passage est-il étonnant ?

**3.** Relevez les différents éléments du portrait, physique et moral, de la reine Penthésilée. En quoi est-elle une héroïne de la trempe des meilleurs chevaliers ?

**4.** Dans le troisième extrait, relevez tous les termes relatifs à l'équipement du chevalier.

**5.** Par quels procédés le narrateur souligne-t-il la beauté et la richesse de Penthésilée ?

---

### MICROLECTURE N° 5 : Céline, « Bardamu, un lâche », p. 119

**1.** Indiquez ce que ce texte vous apprend sur Bardamu. Celui-ci est-il un héros ? Pourquoi ?

**2.** À quoi compare-t-il son colonel et les autres soldats ? Ce rapprochement est-il valorisant ?

**3.** Comment Bardamu nomme-t-il la guerre ? En quoi cette vision est-elle très différente de la vision héroïque ?

**4.** Comment rend-il sensible la confusion et le désordre qu'est la guerre ?

---

# L'épopée

## (groupement de textes n° 1)

D'abord considérée comme un long poème racontant les exploits d'un héros mythique, comme pour l'*Iliade* et l'*Odyssée* d'Homère, l'épopée a connu de nombreux changements au cours du temps. Comme on craignait que sa longueur crée l'ennui, elle a parfois été découpée en petits poèmes, à la manière d'Ovide dans les *Métamorphoses*. De nos jours, elle se trouve principalement dans le roman, qui en reprend parfois les caractéristiques.

## Victor Hugo, *La Légende des siècles* (1883-1884)

Dans *La Légende des siècles*, Victor Hugo (1802-1885) entend livrer au lecteur l'« épopée humaine », c'est-à-dire le récit de l'histoire et de l'évolution de l'humanité, dont il rend compte au sein de poèmes épars à travers des figures susceptibles d'incarner leur âge et leur siècle. Dans le texte qui suit, il choisit le personnage de Roland. Le représentant dans un combat, il explique comment il en est venu à se marier.

### Le Mariage de Roland

Ils se battent – combat terrible ! – corps à corps.
Voilà déjà longtemps que leurs chevaux sont morts ;
Ils sont là seuls tous deux dans une île du Rhône.
Le fleuve à grand bruit roule un flot rapide et jaune,
Le vent trempe en sifflant les brins d'herbe dans l'eau.
L'archange saint Michel attaquant Apollo [1]
Ne ferait pas un choc plus étrange et plus sombre.
Déjà, bien avant l'aube, ils combattaient dans l'ombre.
Qui, cette nuit, eût vu s'habiller ces barons [2],
Avant que la visière eût dérobé leurs fronts,
Eût vu deux pages blonds, roses comme des filles.
Hier, c'étaient deux enfants riant à leurs familles,

---

1. ***Apollo*** : nom dérivé de celui du dieu gréco-romain Apollon, que les auteurs des chansons de geste attribuent comme dieu aux Sarrasins de manière à les présenter comme des païens.
2. ***Barons*** : voir note 3, p. 65.

Beaux, charmants ; – aujourd'hui, sur ce fatal terrain,
C'est le duel effrayant de deux spectres d'airain [1],
Deux fantômes auxquels le démon prête une âme,
Deux masques dont les trous laissent voir de la flamme.
Ils luttent, noirs, muets, furieux, acharnés.
Les bateliers [2] pensifs qui les ont amenés
Ont raison d'avoir peur et de fuir dans la plaine,
Et d'oser, de bien loin, les épier à peine :
Car de ces deux enfants, qu'on regarde en tremblant,
L'un s'appelle Olivier et l'autre a nom Roland :

Et, depuis qu'ils sont là, sombres, ardents, farouches,
Un mot n'est pas encor [3] sorti de ces deux bouches.

Olivier, sieur de Vienne et comte souverain,
A pour père Gérard et pour aïeul [4] Garin.
Il fut pour ce combat habillé par son père.
Sur sa targe [5] est sculpté Bacchus [6] faisant la guerre
Aux Normands, Rollon [7] ivre, et Rouen consterné,
Et le dieu souriant par des tigres traîné,
Chassant, buveur de vin, tous ces buveurs de cidre ;
Son casque est enfoui sous les ailes d'une hydre [8] ;
Il porte le haubert [9] que portait Salomon [10] ;
Son estoc [11] resplendit comme l'œil d'un démon ;

1. ***Airain*** : voir note 5, p. 49.
2. ***Bateliers*** : marins d'eau douce.
3. Élision du « e » final pour des raisons de versification (le vers est un alexandrin et doit compter douze syllabes).
4. ***Aïeul*** : ancêtre.
5. ***Sa targe*** : son bouclier.
6. ***Bacchus*** : dieu romain du vin et de l'ivresse.
7. ***Rollon*** : chef viking du Xe siècle qui aurait envahi la Normandie et notamment la ville de Rouen.
8. ***Hydre*** : voir note 1, p. 31.
9. ***Haubert*** : voir note 2, p. 64.
10. ***Salomon*** : roi antique et mythique d'Israël et fils de David (voir p. 49).
11. ***Son estoc*** : la pointe de son épée.

Il y grava son nom afin qu'on s'en souvienne ;
Au moment du départ, l'archevêque de Vienne
A béni son cimier [1] de prince féodal.

Roland a son habit de fer, et Durandal.

Ils luttent de si près avec de sourds murmures,
Que leur souffle âpre et chaud s'empreint sur leurs armures ;
Le pied presse le pied ; l'île à leurs noirs assauts
Tressaille au loin ; l'acier mord le fer ; des morceaux
De heaume [2] et de haubert, sans que pas un s'émeuve,
Sautent à chaque instant dans l'herbe et dans le fleuve ;
Leurs brassards [3] sont rayés de longs filets de sang
Qui coule de leur crâne et dans leurs yeux descend.
Soudain, sire Olivier, qu'un coup affreux démasque,
Voit tomber à la fois son épée et son casque.
Main vide et tête nue, et Roland l'œil en feu !
L'enfant songe à son père et se tourne vers Dieu.
Durandal sur son front brille. Plus d'espérance !
« Çà, dit Roland, je suis neveu du roi de France,
Je dois me comporter en franc neveu de roi.
Quand j'ai mon ennemi désarmé devant moi,
Je m'arrête. Va donc chercher une autre épée,
Et tâche, cette fois, qu'elle soit bien trempée.
Tu feras apporter à boire en même temps,
Car j'ai soif.
– Fils, merci, dit Olivier.
– J'attends,
Dit Roland, hâte-toi. »

Sire Olivier appelle
Un batelier caché derrière une chapelle.

---

1. ***Cimier*** : panache surmontant le casque.
2. ***Heaume*** : voir note 3, p. 64.
3. ***Brassards*** : pièces d'armure qui protègent le bras.

« Cours à la ville, et dis à mon père qu'il faut
Une autre épée à l'un de nous, et qu'il fait chaud. »

Cependant les héros, assis dans les broussailles,
S'aident à délacer leurs capuchons de mailles,
Se lavent le visage, et causent un moment.
Le batelier revient, il a fait promptement ;
L'homme a vu le vieux comte ; il rapporte une épée
Et du vin, de ce vin qu'aimait le grand Pompée [1]
Et que Tournon récolte au flanc de son vieux mont.
L'épée est cette illustre et fière Closamont,
Que d'autres quelquefois appellent Haute-Claire.
L'homme a fui. Les héros achèvent sans colère
Ce qu'ils disaient, le ciel rayonne au-dessus d'eux ;
Olivier verse à boire à Roland ; puis tous deux
Marchent droit l'un vers l'autre, et le duel recommence.
Voilà que par degrés de sa sombre démence
Le combat les enivre, il leur revient au cœur
Ce je ne sais quel dieu qui veut qu'on soit vainqueur,
Et qui, s'exaspérant aux armures frappées,
Mêle l'éclair des yeux aux lueurs des épées.

Ils combattent, versant à flots leur sang vermeil.
Le jour entier se passe ainsi. Mais le soleil
Baisse vers l'horizon. La nuit vient.
« Camarade,
Dit Roland, je ne sais, mais je me sens malade.
Je ne me soutiens plus, et je voudrais un peu
De repos.
– Je prétends, avec l'aide de Dieu,
Dit le bel Olivier, le sourire à la lèvre,
Vous vaincre par l'épée et non point par la fièvre.

---

1. ***Pompée*** (106-48 av. J.-C.) : général et homme d'État romain. On donna son nom à un vin récolté à Tournon (dans la vallée du Rhône).

Dormez sur l'herbe verte ; et, cette nuit, Roland,
Je vous éventerai de mon panache blanc.
Couchez-vous et dormez.
– Vassal[1], ton âme est neuve,
Dit Roland. Je riais, je faisais une épreuve.
Sans m'arrêter et sans me reposer, je puis
Combattre quatre jours encore, et quatre nuits. »

Le duel reprend. La mort plane, le sang ruisselle.
Durandal heurte et suit Closamont ; l'étincelle
Jaillit de toutes parts sous leurs coups répétés.
L'ombre autour d'eux s'emplit de sinistres clartés.
Ils frappent ; le brouillard du fleuve monte et fume ;
Le voyageur s'effraie et croit voir dans la brume
D'étranges bûcherons qui travaillent la nuit.

Le jour naît, le combat continue à grand bruit ;
La pâle nuit revient, ils combattent ; l'aurore
Reparaît dans les cieux, ils combattent encore.

Nul repos. Seulement, vers le troisième soir,
Sous un arbre, en causant, ils sont allés s'asseoir ;
Puis ont recommencé.

Le vieux Gérard dans Vienne
Attend depuis trois jours que son enfant revienne.
Il envoie un devin regarder sur les tours ;
Le devin dit : « Seigneur, ils combattent toujours. »

Quatre jours sont passés, et l'île et le rivage
Tremblent sous ce fracas monstrueux et sauvage.
Ils vont, viennent, jamais fuyant, jamais lassés,
Froissent le glaive au glaive et sautent les fossés,

1. ***Vassal*** : voir note 2, p. 84.

Et passent, au milieu des ronces remuées,
Comme deux tourbillons et comme deux nuées.
Ô chocs affreux ! terreur ! tumulte étincelant !
Mais enfin Olivier saisit au corps Roland,
Qui de son propre sang en combattant s'abreuve,
Et jette d'un revers Durandal dans le fleuve.

« C'est mon tour maintenant, et je vais envoyer
Chercher un autre estoc pour vous, dit Olivier.
Le sabre du géant Sinnagog [1] est à Vienne.
C'est, après Durandal, le seul qui vous convienne.
Mon père le lui prit alors qu'il le défit.
Acceptez-le. »
Roland sourit. « Il me suffit
De ce bâton. » – Il dit, et déracine un chêne.

Sire Olivier arrache un orme dans la plaine
Et jette son épée, et Roland, plein d'ennui,
L'attaque. Il n'aimait pas qu'on vînt faire après lui
Les générosités qu'il avait déjà faites.

Plus d'épée en leurs mains, plus de casque à leurs têtes.
Ils luttent maintenant, sourds, effarés, béants,
À grands coups de troncs d'arbre, ainsi que des géants.

Pour la cinquième fois, voici que la nuit tombe.
Tout à coup Olivier, aigle aux yeux de colombe,
S'arrête et dit :
« Roland, nous n'en finirons point.
Tant qu'il nous restera quelque tronçon au poing,
Nous lutterons ainsi que lions et panthères.
Ne vaudrait-il pas mieux que nous devinssions frères ?
Écoute, j'ai ma sœur, la belle Aude au bras blanc,

---

**1.** Nom vraisemblablement inventé par Hugo.

Épouse-la.

– Pardieu ! je veux bien, dit Roland.
Et maintenant buvons, car l'affaire était chaude. »

C'est ainsi que Roland épousa la belle Aude.

Hugo, « Le Mariage de Roland », *La Légende des siècles*, GF-Flammarion, 1979, p. 221-224.

**1.** Comparez le personnage de Roland avec celui de *La Chanson de Roland* (p. 87). Sont-ils très différents ?

**2.** Comment Victor Hugo montre-t-il que ce combat est surhumain ?

**3.** Par quels procédés le suspens quant à l'issue du combat est-il créé ?

## Dan Simmons, *Ilium* (2004)

Dans *Ilium*, l'écrivain américain Dan Simmons (né en 1948) transpose l'*Iliade* dans un univers futuriste où les dieux tirent leurs pouvoirs d'une technologie très avancée. Ils regardent ainsi des hommes s'affronter à la manière des personnages d'Homère. Un spécialiste de l'*Iliade* assiste aux combats dont il rend compte.

À présent, grâce à ma vision améliorée – améliorée par mes lentilles de contact données par les dieux – je peux voir Athéna [1] derrière une forêt de lances, qui transforme Diomède, fils de Tydée, en machine à tuer. Au sens littéral du terme, ou presque. À l'instar des dieux eux-mêmes et de ma propre personne, Diomède va devenir mi-homme, mi-machine, ses yeux, sa peau et jusqu'à son sang étant

1. Pour les noms mentionnés dans cet extrait, voir p. 34.

désormais pris en charge par une nanotechnologie[1] originaire d'un avenir incroyablement éloigné de mon époque. En temps suspendu, Athéna recouvre les yeux de l'Achéen de lentilles de contact semblables aux miennes, qui lui permettront de voir les dieux et même de ralentir légèrement le cours du temps quand il se concentrera dans le feu de l'action, si bien que – aux yeux d'un observateur non prévenu – il sera trois fois plus rapide que la normale. Selon Homère, Athéna a allumé en lui « un feu vivace » et à présent je comprends la métaphore ; grâce aux nanomachines enchâssées dans sa main et son avant-bras, Athéna transforme le champ électromagnétique latent d'intensité négligeable qui entoure Diomède en un véritable champ de force. En vision infrarouge, le corps de Diomède, ses bras, son bouclier et son casque évoquent « l'astre de l'arrière-saison, qui resplendit d'un éclat sans rival ». [...] Sous mes yeux, elle injecte également dans la cuisse de Diomède des milliards de machines à l'échelle nanoscopique. Comme toujours en pareil cas, le corps humain considère cette invasion comme une infection, et la température de Diomède grimpe d'au moins trois degrés. Je vois l'armée de machines moléculaires progresser de sa cuisse à son cœur, de son cœur à ses poumons et de là revenir à ses bras et jambes, tandis que leur chaleur augmente encore le rayonnement de son corps dans l'infrarouge. [...]

La déesse[2], toujours porteuse d'Énée, vient de marquer une pause dans sa retraite vers les lignes troyennes, et elle est parfaitement visible aux yeux des guerriers terrifiés fuyant devant l'offensive de Diomède. Aphrodite les encourage à retourner au combat avec des décharges électriques et des poussées de champ de force.

Diomède l'aperçoit et, pris de folie meurtrière, fauche de son épée une phalange[3] de Troyens pour aller affronter la déesse en personne. Il ne fait pas de discours, se contente de lever sa javeline[4].

---

**1.** ***Nanotechnologie*** : technologie à l'échelle du nanomètre, soit une distance entre deux atomes.

**2.** Ici, Aphrodite.

**3.** ***Une phalange*** : un groupe, un bataillon.

**4.** ***Javeline*** : lance.

Aphrodite active un champ de force presque machinalement, sans prendre la peine de lâcher son fardeau, ne redoutant nullement l'attaque d'un mortel.

Elle a oublié les petites modifications qu'Athéné[1] a apportées à celui-ci.

Diomède bondit, le champ de force crépite et cède, l'Achéen fonce en brandissant sa javeline, dont la pointe barbelée pénètre le champ de force personnel, la robe de soie et la divine chair d'Aphrodite. Le bronze affûté comme un rasoir entaille le poignet de la déesse, dévoilant le muscle rouge et l'os blanc. Et c'est un ichor doré – plutôt qu'un sang écarlate – qu'on voit jaillir dans les airs.

Aphrodite fixe sa blessure d'un air interdit puis pousse un cri – un cri inhumain, terrible amplifié, que l'on croirait sorti d'une batterie d'amplis dans un concert de rock donné aux Enfers.

Toujours hurlante, elle vacille et lâche Énée, toujours inconscient.

Dan Simmons, *Ilium*, trad. Jean-Daniel Brèque,
© Robert Laffont, 2004, p. 99-100 et 107-108.

**1.** Comparez cette scène avec celle d'Homère (p. 34). Quelles sont les différences ?

**2.** Comment la grandeur des affrontements est-elle rendue ?

**3.** Quels sont les éléments de science-fiction présents dans le texte ?

---

**1.** ***Athéné*** : Athéna.

# Les récritures

## (groupement de textes n° 2)

Personnage archétypique (voir Présentation, p. 9), qui nous permet de penser notre Histoire, bien qu'il soit façonné par des récits légendaires, le héros, par nature, est la figure clé de l'exercice littéraire qu'est la récriture. Les auteurs s'emparent de lui non seulement pour offrir une nouvelle lecture d'un épisode ancien, qui, par un jeu de miroir, éclaire leur présent, mais aussi pour se l'approprier et construire un univers qui leur est propre.

### Jean Giraudoux, *La guerre de Troie n'aura pas lieu* (1935)

En 1935, Giraudoux (1882-1944) propose une récriture de l'épisode de la guerre de Troie, situant sa pièce avant même que le conflit commence. Semblant faire peu de cas des enseignements de l'épopée homérique, il laisse penser que la guerre de Troie pourrait ne pas avoir eu lieu. Bien plus, il envisage qu'elle pourrait être évitée – perspective lourde de sens, dans le contexte historique où écrit Giraudoux : la montée des totalitarismes qui aboutiront à la Seconde Guerre mondiale.
Hector, de retour chez lui après une longue absence, tente de convaincre Hélène de rentrer chez elle. Mais il doit affronter le parti de ceux qui désirent la guerre : le poète troyen Démokos et le Grec Oiax. À la fin de la pièce, Hector réussit à négocier la paix.

DÉMOKOS. – Quelle est cette lâcheté ? Tu rends Hélène ? Troyens, aux armes ! On nous trahit… Rassemblez-vous… Et votre chant de guerre est prêt ! Écoutez votre chant de guerre !

HECTOR. – Voilà pour ton chant de guerre.
DÉMOKOS, *tombant*. – Il m'a tué !
HECTOR. – La guerre n'aura pas lieu, Andromaque [1] !

*Il essaie de détacher les mains d'Andromaque qui résiste, les yeux fixés sur Démokos. Le rideau qui avait commencé à tomber se relève peu à peu.*

ABNÉOS [2]. – On a tué Démokos ! Qui a tué Démokos ?
DÉMOKOS. – Qui m'a tué ?… Oiax !… Oiax !… Tuez-le !
ABNÉOS. – Tuez Oiax !
HECTOR. – Il ment. C'est moi qui l'ai frappé.
DÉMOKOS. – Non. C'est Oiax…
ABNÉOS. – Oiax a tué Démokos… Rattrapez-le !… Châtiez-le !
HECTOR. – C'est moi, Démokos, avoue-le ! Avoue-le, ou je t'achève !
DÉMOKOS. – Non, mon cher Hector, mon bien cher Hector. C'est Oiax ! Tuez Oiax !
CASSANDRE. – Il meurt, comme il a vécu, en coassant.
ABNÉOS. – Voilà… Ils tiennent Oiax… Voilà. Ils l'ont tué !
HECTOR, *détachant les mains d'Andromaque*. – Elle aura lieu.

*Les portes de la guerre s'ouvrent lentement. Elles découvrent Hélène qui embrasse Troïlus.*

CASSANDRE. – Le poète troyen est mort… La parole est au poète grec [3].

*Le rideau tombe définitivement.*

Giraudoux, *La guerre de Troie n'aura pas lieu*, éd. Delphine Urban, Flammarion, coll. « Étonnants Classiques », 2015, acte II, scène 14, p. 137.

**1.** Quelle image est donnée de la guerre ? Est-ce la même que celle qui prévaut chez Homère ?

**1.** ***Andromaque*** : épouse d'Hector.
**2.** ***Abnéos*** : Troyen ami de Démokos et partisan de la guerre.
**3.** La parole est donc à Homère, l'*Iliade* peut commencer.

**2.** En quoi Hector apparaît-il comme un héros moderne ?

**3.** Quels éléments montrent que cette pièce annonce la Seconde Guerre mondiale ?

## René Barjavel, *L'Enchanteur* (1984)

René Barjavel (1911-1985), lui, reprend le mythe arthurien en le modernisant. Merlin l'enchanteur est son personnage central et c'est lui qui se charge de former Perceval à la chevalerie.

[...] « Perceval !... Tu te bats comme une chatte d'amour, la bouche ouverte et le ventre à l'air ! Ferme ta bouche ! Ou je vais l'emplir de fer ! Couvre ton ventre avec l'écu [1] ! Baisse la tête ! Abrite-toi et fonce ! Plus vite ! Plus vite !... Je suis là devant toi, tu dois me pulvériser, m'envoyer de l'autre côté de la rivière !...

« C'est raté ! Il a suffi que mon cheval fasse un écart d'un pied ! Où sont donc tes yeux ? Ils doivent être au bout de ta lance ! Allez ! Recommence !... »

À de tels moments, Perceval haïssait le maître qu'il avait trouvé exactement où Merlin le lui avait indiqué, et qui avait accepté de lui enseigner ce qu'il savait.

Ce maître était Merlin lui-même. Il avait pris l'apparence d'un vieux chevalier mort quelques années auparavant, de sa mort naturelle, sans jamais avoir été vaincu en tournoi ou au combat. Ses cheveux et sa barbe étaient blancs comme neige, sa peau couleur cuivre, ses yeux d'un bleu très pâle. Une cicatrice rouge lui dessinait un éclair sur toute la longueur du front. De son oreille gauche il ne lui restait qu'un fragment pas plus gros qu'une noisette. Un habile barbier avait remplacé ses dents brisées par celles d'un loup, ce qui lui donnait quand il souriait un air terrifiant, bien que ses yeux

**1.** ***Écu*** : voir note 6, p. 64.

fussent pleins de gaieté. Il n'avait plus de main droite, mais il maniait l'épée de l'autre bras avec tant de force et de rapidité que Perceval n'avait jamais le temps de voir arriver le coup qui aurait pu l'occire [1].

Et sans cesse le vieux dur-à-cuire le faisait recommencer, recommencer. Le garçon devenait ce que voulait Merlin. Peu à peu il lui apprit à dominer sa rage, à en être le maître et à la diriger droit sur son adversaire.

« Tu ne dois penser qu'à une chose : le détruire… Même s'il est ton meilleur ami. Le temps du tournoi il devient ce que tu dois faire disparaître, l'obstacle, l'ennemi, le Diable (Que Dieu t'en garde !), l'horreur du monde ! Tu dois nettoyer l'horizon, faire le vide devant toi ! Toute ta force, ta volonté, ta fureur, sont dans ton corps et dans tes bras qui frappent avec la lance et l'épée. Mais ta tête reste claire. Ton œil voir venir le coup de l'adversaire. Et tu frappes *avant* ! Tu es le plus rapide, et le plus fort… Recommence.

« … Même si ton adversaire est l'homme que tu hais le plus au monde, quand tu l'as jeté à terre, désarmé, ne l'achève pas. Il n'y a aucune gloire, seulement de la honte, à tuer un homme sans arme. Rends-lui son épée et recommence à te battre.

« Tu ne peux le tuer que s'il peut se défendre. S'il se reconnaît vaincu, envoie-le avouer sa défaite et s'incliner devant celui qui t'aura fait chevalier, ou la dame que tu auras choisie… Recommence !… »

[…]

Jamais apprenti chevalier n'avait eu pareil maître, et jamais aucun n'avait fait si rapidement de tels progrès. Mais chaque fois que Perceval riait, enfin content de lui, Merlin lui démontrait aussitôt qu'il ne valait rien, et le faisait, encore, recommencer…

Merlin ne lui enseignait pas seulement les armes, mais aussi les manières de courtoisie, le service des faibles, de la justice, des dames et des demoiselles, et bien entendu, de Dieu… Il était ravi par sa pureté de cœur, son courage, sa force exceptionnellement grande pour son âge, sa résistance, son opiniâtreté [2] à suivre le dessein qu'il

---

**1.** ***L'occire*** : le tuer.
**2.** ***Opiniâtreté*** : obstination.

s'était fixé, tout droit, clairement, en déblayant son chemin avec ses armes ou ses paroles franches.

René Barjavel, *L'Enchanteur*, © Denoël, 1984.

**1.** Comparez l'éducation de Perceval avec celle que décrit Chrétien de Troyes (p. 70).

**2.** Quel est le niveau de langue utilisé ? Quel est l'effet produit ?

**3.** Quelle image est donnée de Merlin ?

## Fabien Clavel, *Le Dragon et l'épée* (2010)

Dans cette récriture des légendes arthuriennes, Ana est l'apprentie de Merlin. Guidée par son maître et par la fée Morgue, elle parvient, après un long tournoi, à mener Arthur tirer Excalibur de son rocher et réclamer ainsi la couronne de Britannia.

Un homme venait d'apparaître à l'endroit où le combat avait eu lieu. Il marchait d'un pas rapide. Ses yeux étaient bleu-vert, sa barbe courte prenait une teinte poivre et sel alors que les cheveux qui lui tombaient aux épaules demeuraient châtain.

« Merlin ! » s'écria Ana, le sourire aux lèvres.

Elle courut vers lui. Au dernier moment, quelque chose la retint de lui sauter dans les bras. Il avait son attitude grave des grands moments. D'un pas ample, il traversa la foule des chevaliers qui l'observaient avec circonspection [1].

« Maître, vous êtes revenu.

– Oui, apprentie, je suis là. »

Le ton était solennel. Il s'adressa au prince d'une voix puissante et ferme.

« Tu dois être le fils d'Uther.

1. ***Circonspection*** : méfiance.

– C'est moi. Dois-je vous appeler Merlin ?

– Peu importe. Ton destin est sur le point de s'accomplir, jeune Arthur. Si tu suis mes recommandations, ton pouvoir s'étendra sur tout le pays. »

Les autres avaient formé un cercle autour d'eux et ne perdaient aucune de leurs paroles. Le sorcier posa une main sur la poitrine de l'héritier des Pendragon [1].

« Serai-je ton conseiller ? »

Arthur lança un regard interrogateur à la magicienne qui lui répondit d'un hochement de tête.

« Je vous écouterai en toute chose car je sais que vous œuvrez pour moi depuis le début. »

Les autres poussèrent des cris de joie. Le timbre puissant de Merlin couvrit leurs exclamations sans effort.

« Voici mon avis : réunis autour de toi des hommes de confiance ! Ils seront tes chevaliers, prêts à mourir pour toi, servant la justice, travaillant à la paix. »

Arthur désigna les onze chevaliers qui l'entouraient :

« Les voilà. »

Cette fois, ils se turent, émus. Le prince avait une manière d'accorder à chacun de l'importance. En un mot, ils avaient gagné plus qu'un titre, une reconnaissance.

« Nous serons avec toi quand tu retireras Excalibur, promit Tristan.

– Nous t'accompagnerons auprès d'Ambrosius [2] pour qu'il te couronne, renchérit Gauvain.

– Nous resterons à tes côtés tant que tu le voudras », fit enfin Keu.

Il jetait des regards enflammés autour de lui, comme s'il défiait quiconque de remettre en doute sa promesse. Les regards convergèrent vers Lancelot.

« Mon épée appartient au roi de Britannia », affirma-t-il.

Merlin leva une main impérieuse.

---

1. ***Pendragon*** : famille d'Uther, et donc d'Arthur.
2. ***Ambrosius*** : actuel régent de Britannia.

« Vous, chevaliers d'Arthur, vous recevrez tous une armure d'un genre nouveau qui marquera votre allégeance [1] et votre titre. Les nains les façonnent en ce moment même dans leurs forges souterraines ! »

La mention de ce peuple mystérieux fit grande impression. Ana vit les bouches s'arrondir de surprise. Son maître savait comment marquer les esprits. Son bâton orné d'une pierre verte frappa le sol.

[...] Une seconde durant, le paysage devint flou.

Quand il retrouva sa netteté, le décor avait changé. Arthur et ses compagnons se tenaient sur l'immense rocher qui occupait le milieu de la plaine. Les fleurs de pommier formaient une sorte de rideau blanchâtre qui les isolait du monde.

L'épée se dressait devant le prince, au centre du cercle des chevaliers. Le pommeau était une sorte de patte griffue qui paraissait tendre une gemme [2] bleue. La poignée était incrustée de motifs qui ressemblaient à l'écorce des arbres, tandis que la garde avait des allures de racine. Enfin, la lame qui s'enfonçait dans le granite s'ornait d'entrelacs ondulés qui dansaient à la manière des flammes. Ana nota que Morgue et Merlin prenaient bien garde de ne pas trop s'approcher de l'arme.

L'atmosphère baignait dans un silence recueilli. Même le soleil, se faisant discret, brillait moins fort. Arthur fit un pas sur la mousse.

Puis un autre. Cette fois, son pied se posa sur la pierre nue. Son bras se tendit vers Excalibur. L'apprentie constata avec fierté que les mains de son champion ne tremblaient pas.

Ses doigts se refermèrent sur les reliefs de la poignée.

Alors des nuages se rassemblèrent dans le ciel et cachèrent tout à fait la lumière. La pénombre s'étendit sur Camlaan [3].

Arthur inspira et, d'un coup sec, tira sur l'épée. Elle fut libérée sans résistance. Ce fut à peine si on entendit le raclement du métal sur la pierre.

---

**1. *Allégeance*** : obligation de fidélité et de soutien.

**2. *Gemme*** : voir note 2, p. 88.

**3. *Camlaan*** : nom de la plaine dans laquelle se trouvent le rocher et les pommiers. C'est aussi le lieu de la dernière bataille d'Arthur.

Ana soupira longuement. Enfin, une partie de sa tâche était accomplie : Excalibur était revenue à l'héritier de la couronne. L'apprentie lisait sur les visages de ses gardiens un mélange de sentiments très divers, entre lesquels surnageait l'espoir d'une vie meilleure pour le pays.

Une page venait de se tourner dans l'histoire de Britannia.

À peine l'épée fut-elle ôtée que la fente émit une fumée qui se répandit à la manière d'une eau très épaisse. La jeune fille la vit recouvrir toute la pierre plate, submerger le tapis de lichen avant de se déverser au pied des arbres.

Bientôt, le brouillard dense envahit tout. Il semblait même occulter le ciel.

« Le Souffle du Dragon », murmura Ana.

Le rocher semblait désormais flotter sur une brume liquide. La plaine se devinait au loin et ressemblait à une mer immaculée. Seuls les troncs et leurs frondaisons dépassaient de cette marée d'écume.

« On dirait que nous sommes sur une île, chuchota Arthur. Une île plantée de pommiers [1]... »

Fabien Clavel, *Le Dragon et l'épée, L'Apprentie de Merlin*,
© Mango, 2010, t. I, chap. 19, p. 166-171.

**1.** Comparez cette scène avec celle de Robert de Boron (p. 65).

**2.** Quels éléments montrent que la magie est omniprésente ?

**3.** Comment la future Table ronde est-elle annoncée dans ce passage ?

---

**1.** Certaines étymologies établissent un rapport entre Avalon, l'île où Arthur est emmené, mortellement blessé, et où la fée Morgane réside, et les pommes et les pommiers.

# Histoire des arts

## Gustave Moreau, *Hercule et l'hydre de Lerne* (1876)

Reportez-vous p. 2 du Cahier photos et répondez aux questions suivantes :

**1.** Décrivez le tableau le plus précisément possible. Vous vous intéresserez en particulier à la manière dont Hercule, l'hydre et le paysage sont représentés.

**2.** Comparez cette œuvre avec le récit d'Apollodore (p. 31). Quel épisode du récit ce tableau représente-t-il ?

**3.** Comparez l'Hercule du tableau avec la statue dite de l'*Hercule Farnèse* (également dans le Cahier photos). Que constatez-vous ?

## Donatello, *David* (v. 1435-1440)

Reportez-vous p. 28 et répondez aux questions suivantes :

**1.** Décrivez cette statue le plus précisément possible.

**2.** Quel moment de l'histoire de David et Goliath est ici figuré ? Justifiez votre réponse.

**3.** Cette statue est également une œuvre d'art visant à donner un idéal de beauté. Comment l'artiste est-il parvenu à représenter ce dernier ?

**4.** Quels détails font de ce David un personnage féminisé ? À votre avis, pourquoi l'artiste a-t-il fait ce choix ?

### Sir John Everett Millais, *Jeanne d'Arc* (1865)

Reportez-vous p. 3 du Cahier photos et répondez aux questions suivantes :

**1.** Décrivez ce tableau, et plus précisément l'armure et l'équipement de Jeanne d'Arc, qui évoquent ceux d'un chevalier.

**2.** Quels aspects de l'héroïne le peintre a-t-il choisi de mettre en valeur ?

**3.** Quels aspects minimise-t-il ?

**4.** Comment parvient-il à montrer que Jeanne d'Arc est à la fois une femme et une guerrière ?

## Héros 2.0 !

### La figure du super-héros dans la publicité

Par l'exemplarité de leur conduite et l'admiration qu'ils suscitent, les héros ont fourni une source d'inspiration pour les artistes – écrivains et cinéastes, entre autres – mais aussi pour les publicitaires qui ont décelé leur potentiel commercial et ont fait de leur exploitation une manne financière inépuisable. Ainsi les héros ont-ils envahi peu à peu notre espace visuel et sonore, colonisant une variété de supports (télévision, affiches, étiquettes, etc.).
Quelques sites[1] recensent les publicités qui recourent aux héros (certains sont en anglais mais ils sont très accessibles) :
– **www.culturepub.fr/playlists/les-super-heros-de-la-pub**
– **www.strategies.fr/actualites/marques/152534W/trafic-de-super-heros-dans-la-publicite.html**

1. Pour accéder facilement aux sites mentionnés ici, saisissez dans un moteur de recherche : « culturepub + super-héros de la pub ».

Identifiez dans ces publicités les héros et super-héros qui sont représentés. Décrivez et comparez les publicités en spécifiant :

– le produit vendu ;
– le super-héros représenté ;
– le ton employé (sérieux, humoristique...) ;
– les éléments visuels qui permettent d'identifier les super-héros (cape, collants, etc.) ;
– les valeurs mises en avant (courage, force, prévoyance...) ;
– la manière dont les femmes et les hommes sont figurés.

**1.** Quelles conclusions pouvez-vous tirer de ces comparaisons ? Quelle publicité vous semble la plus efficace ?

**2.** Recherchez sur Internet la vidéo du spot publicitaire britannique « Superhero » pour les jus de fruits de la marque « Innocent » diffusé en 2011. Celui-ci est disponible notamment sur la plateforme **www.strategies.fr**.

**A.** Comment la publicité met-elle en scène les super-héros ? Quels procédés employés sont propres au support vidéo ? Quel est l'effet produit ?

**B.** Quel est le ton utilisé ?

**3.** Recherchez sur Internet l'article du *Figaro* « *Man of Steel* : Superman, super-héros de la pub [1] » du 7 juin 2013.

**A.** De quelle manière les marques ont-elles exploité le personnage de Superman à l'occasion de la sortie du film de Zack Snyder (2013) ?

**B.** Comment la publicité a-t-elle profité au film ? Dans quelle mesure s'agit-il d'une situation où chaque partie trouve son compte ?

## L'image du super-héros dans le sport

En vous inspirant des images reproduites dans cette édition, construisez à votre tour votre propre cahier photos dans lequel vous

**1.** Pour accéder aisément à cet article, saisissez dans un moteur de recherche : « man of steel + super-héros + pub ».

mettrez en parallèle des figures de grand sportif et de super-héros. Vous effectuerez des recherches en ligne en vous appuyant sur les sites proposés ci-dessous. Vous choisirez au total trois à cinq images que vous présenterez brièvement, en veillant à en indiquer la source, puis vous identifierez les points communs entre les représentations sélectionnées. Enfin, vous rédigerez un court texte (un paragraphe) dans lequel vous mettrez en évidence les limites d'un tel rapprochement.

## Images du héros

**www.classes.bnf.fr/heros/index.htm** [Le site de la BNF donne accès à une exposition virtuelle intitulée « Héros » qui adopte une classification thématique (héros aristocratique, national, mondialisé...). Les onglets « La fabrique du héros », « Le modèle héroïque » et « Le héros mondialisé » permettent d'amorcer une réflexion sur les avatars modernes de cette figure légendaire.]

## Athlétisme

**www.sportbuzzbusiness.fr/christophe-lemaitre-renaud-lavillenie-et-usain-bolt-super-heros-du-meeting-areva-2013.html** [Le site reprend la campagne de communication d'un événement d'athlétisme recourant à l'imagerie des super-héros dans ses affiches.]

## Basket

**www.sportsmarketing.fr/nike-superhero-elite-series-2-0/** [Ce site spécialisé dans le marketing sportif depuis 2008 montre une nouvelle ligne de vêtements et d'équipements sportifs qu'utilisent des vedettes du basket.]

## Rugby

**www.lequipe.fr/Rugby/Actualites/Des-super-heros-en-nrl/483066** [Cet article du magazine *L'Équipe* donne à voir des maillots inspirés de l'imagerie des super-héros.]

# Un livre, un film

## (*Excalibur* de John Boorman, Royaume-Uni et États-Unis, 1981)

Sorti en 1981, le film de l'Anglais John Boorman (né en 1933), adapté de l'histoire d'Excalibur, s'inspire du roman de Thomas Malory (1405-1471), *Le Morte d'Arthur* (qui signifie « la mort d'Arthur » en moyen français), et compile les sources arthuriennes françaises et anglaises du mythe pour produire une vision cohérente de ses différentes variantes. Il donne à voir la vie d'Arthur, depuis sa conception jusqu'à sa mort, à travers le récit de Merlin.

Huitième long métrage du cinéaste, *Excalibur* investit le thème de la quête déjà présent dans *Délivrance* (1972) et, plus tard, dans *La Forêt d'émeraude* (1985). Ces trois films ont pour cadre principal la forêt, perçue tour à tour comme un lieu de magie et d'horreur primitive. Le tournage d'*Excalibur* se déroule entièrement en Irlande ; quand Merlin convoque le pouvoir du Souffle du dragon, il récite d'ailleurs une formule magique comportant des mots de vieil irlandais. Le premier projet prévoyait un film de quatre heures, mais la durée initiale a été réduite, en fusionnant les personnages de Perceval et de Galahad (ce dernier n'apparaissant pas dans la version finale).

Sélectionné au festival de Cannes et particulièrement apprécié du public malgré un accueil critique mitigé, *Excalibur* constitue un hommage réussi à la geste arthurienne. John Boorman met l'accent sur la dimension héroïque de ses personnages, en convoquant notamment la musique de Wagner et d'Orff dans la bande-son. L'atmosphère est empreinte de magie, évoquant le genre de la *fantasy* (rappelons que, en 1969, le cinéaste avait imaginé une adaptation, finalement avortée, du *Seigneur des anneaux* de Tolkien). Enfin, les jeux de fumée, les reflets lumineux sur les armures et les effets des filtres colorés tendent à créer une ambiance onirique[1]. Ce caractère

1. ***Onirique*** : propre au rêve.

■ Merlin (Nicol Williamson), ci-dessus, et Arthur (Nigel Terry), ci-contre, dans le film de John Boorman.

de rêve est encore souligné par les nombreuses ellipses du récit et par l'anachronisme des armures, la légende étant censée se dérouler au VIe siècle, époque où l'on revêtait de simples cottes de mailles. Comment John Boorman s'inscrit-il dans la tradition littéraire pour proposer une adaptation originale de la légende arthurienne ? Comment est figuré l'héroïsme des protagonistes ?

## Analyse d'ensemble

**1.** Quels sont les éléments permettant de montrer qu'Arthur est un véritable héros ?

**2.** Pouvez-vous repérer les différentes étapes du voyage héroïque à travers le parcours du personnage d'Arthur ?

## Analyse de séquence

### Analyse de la séquence d'ouverture du film (du début à 00.07.01)

**1.** Analysez le nombre de scènes et la durée de chacune. Que remarquez-vous ?

**2.** Commentez la bande-son qui accompagne l'ouverture du film. Comment est-elle utilisée ?

**3.** Quelle est la fonction des cartons au début du film ?

**4.** En quoi Uther apparaît-il comme un roi indigne ?

**5.** Comment la manière de filmer et de raconter montre-t-elle que nous sommes dans un univers légendaire ?

**6.** En quoi le personnage de Merlin est-il surprenant ?

**7.** En quoi ce début s'apparente-t-il à un faux départ ?